BAC PRO 2de

ÉCONOMIE DROIT

W0386475

collection Ressources+

- **Jean-Charles Diry**, inspecteur d'académie, inspecteur pédagogique régional économie et gestion, académie de Lyon
- **Marie-Madeleine Piroche**, inspectrice honoraire de l'Éducation nationale économie et gestion, académie de Nice

- **Annie Bétourné**, professeure d'économie-gestion, académie de Nice
- **Sylvie Charreau**, professeure d'économie-gestion, académie de Dijon
- **Estelle Fornoni**, professeure d'économie-gestion, académie de Clermont-Ferrand
- **Sébastien Huriez**, professeur d'économie-gestion, académie d'Amiens
- **Sandrine Lhote**, professeure agrégée d'économie-gestion, académie de Dijon

FOUCHER

RESSOURCES NUMÉRIQUES

foucherconnect.fr

GRATUIT !
Accessible **SANS INSCRIPTION**.
EN LIGNE sur www.foucherconnect.fr

▶ **Des pictogrammes** indiquent au fil des pages les liens vers les ressources en ligne.

Exemple : #QCM interactif

foucherconnect.fr/21ed103

J'accède à la ressource *via* la plateforme www.foucherconnect.fr

J'enregistre cette page dans mes favoris pour mes prochaines visites.

Je saisis **le code de la ressource** indiqué dans le pictogramme.

▶ **Des flashcodes** vous permettent aussi d'accéder à certaines ressources avec un smartphone ou une tablette.

Conception
Primo & Primo

Composition et infographies
STDI

Illustrations
Benoît Springer

Lecture-correction
Fabienne Colas-Dobelli/Sylvain Tane

ISBN 978-2-216-16202-4

Ressources numériques

▶ 16 vidéos d'ouverture !

Vidéo +

foucherconnect.fr/21ed101

▶ Liens et fiches d'identité des entreprises étudiées dans les pages de présentation de Module.

▶ 16 synthèses pour réviser !

Synthèse

foucherconnect.fr/21ed102

Rédigée

Audio

▶ 16 QCM interactifs pour s'entraîner !

#QCM interactif

foucherconnect.fr/21ed103

	Synthèse	QCM interactif
1. Le rôle des principaux agents économiques	15	16
2. Les échanges entre les agents économiques	21	22
3. Les différents types de marchés	27	28
4. Les fonctions et caractères du droit	35	36
5. Les sources du droit et la hiérarchie des normes	41	42
6. Le cadre juridique de l'activité économique et sociale	47	48
7. Les parties et l'objet d'un contrat	55	56
8. Les droits et les obligations de chacune des parties au contrat	61	62
9. La responsabilité civile contractuelle	67	68
10. Les principaux postes budgétaires des ménages	83	84
11. L'évolution de la consommation des ménages	89	90
12. Les différentes formes d'épargne	95	96
13. L'influence du développement durable sur les choix de consommation	103	104
14. L'influence du numérique dans l'évolution des modes de consommation	109	110
15. Les droits et les obligations du vendeur et du consommateur	117	118
16. Les enjeux de la protection des données personnelles	123	124

Les 2 premiers modules du programme, votre Ressources + en Économie Droit

Pour présenter les questions et la **problématique** posée dans chaque **module**, les **capacités** sont introduites par 2 pages d'ouverture :

➤ La découverte du module grâce à un **cas pratique** réel !

➤ Une analyse simple et rapide à partir de supports textes, graphiques chiffrés et vidéos.

Une carte mentale pour faire le lien entre votre ouvrage et le programme.

Pour conclure, 2 pages de clôture de module :

➤ Répondez aux questions sur **le cas d'entreprise** vu en introduction.

Vous avez maintenant toutes les clés en main pour analyser la situation !

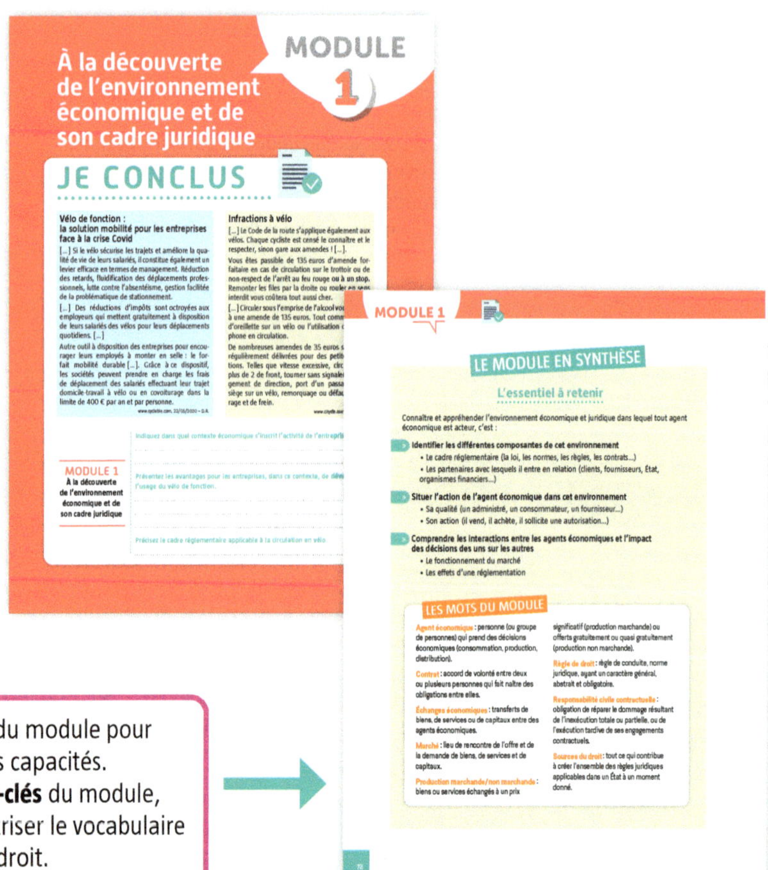

➤ La **synthèse** globale du module pour maîtriser l'ensemble des capacités.

➤ Un **lexique des mots-clés** du module, indispensable pour maîtriser le vocabulaire d'économie comme de droit.

Des chapitres complets

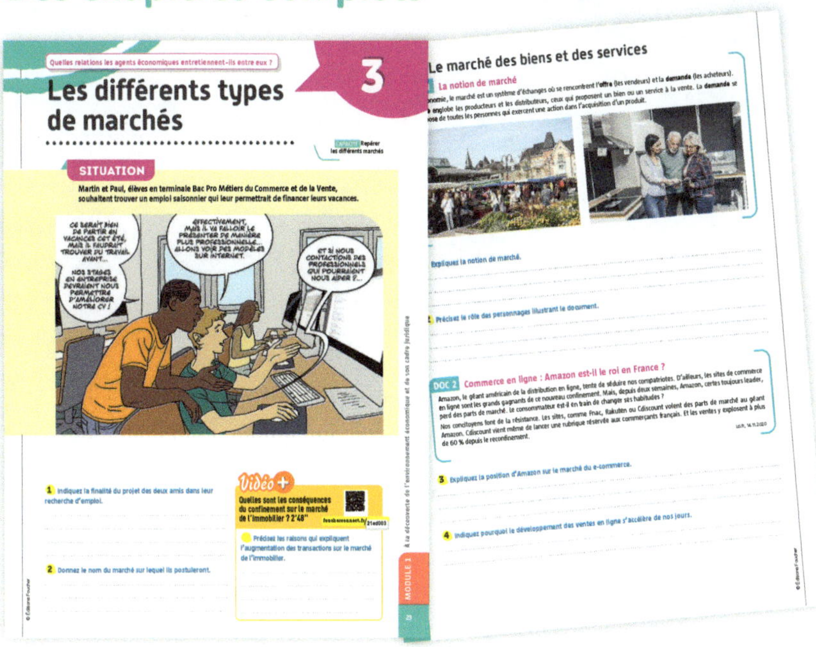

➤ Vos **pages d'activités** claires et efficaces.

➤ Une situation d'ouverture en lien avec **la vie quotidienne** et **le monde professionnel en mutation**.
➤ Une ouverture en vidéo.

Des pages pour s'entraîner

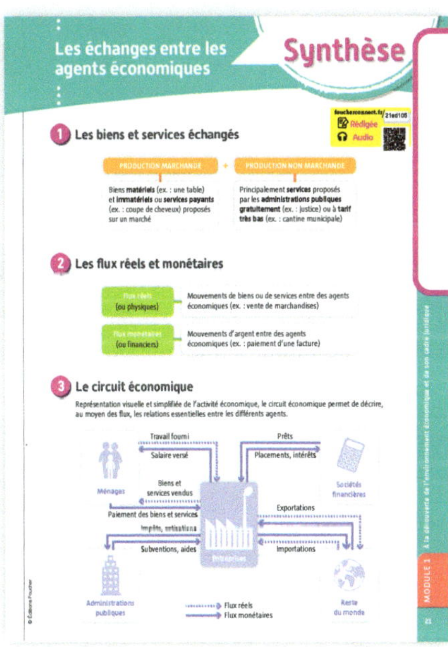

➤ Une **synthèse** indispensable, rapide à retenir.
➤ En **complément numérique**, sa version **rédigée** ainsi que sa version **mp3** pour répondre à toutes les formes de mémorisation.

➤ Une page « À vous de jouer » pour des **révisions ludiques**.
➤ Une application pour bien rédiger ou apprendre **l'analyse chiffrée** et s'entraîner à l'épreuve d'examen dès la 2de.

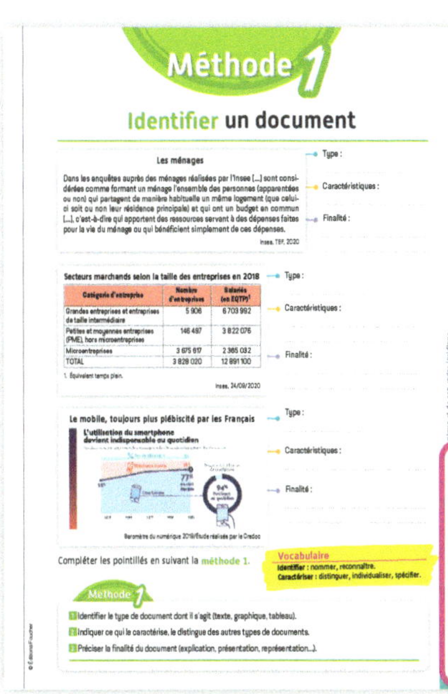

➤ **Entraînements** dès la 2de, une préparation à l'épreuve de dossier documentaire, ainsi qu'un premier entraînement « Vers le Bac ».
➤ Des documents en lien avec les grandes questions du programme, à analyser.

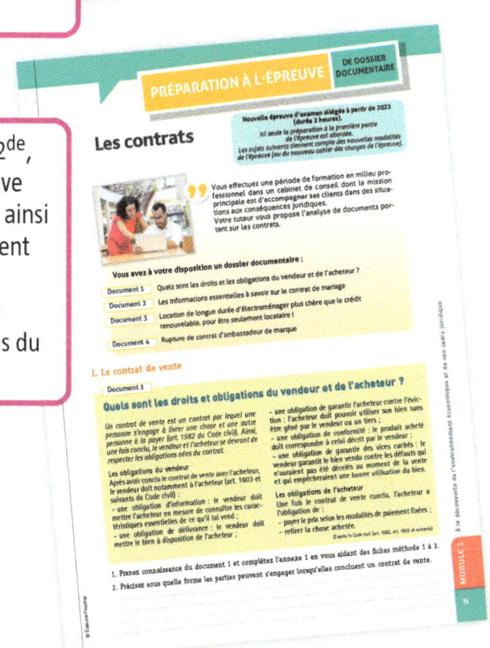

➤ 12 **fiches méthode** pour commencer à préparer les futures épreuves.
➤ Les bases pour devenir un **professionnel formé** et un **citoyen éclairé** !

Sommaire

MODULE 1 — À la découverte de l'environnement économique et de son cadre juridique

MODULE 2

La consommation : quels choix pour les ménages ?

À la découverte de l'environnement économique et de son cadre juridique

MODULE 1

JE DÉCOUVRE

À l'heure du grand boom de la micro-mobilité électrique, les entreprises françaises tentent de se faire une place dans un marché très concurrentiel. C'est le cas par exemple de l'entreprise nordiste O2feel, une start-up de vélos à assistance électrique qui a démarré dans le garage des deux fondateurs et distribue maintenant jusqu'en Australie.

Les ingrédients de son succès sont simples : un design sobre et élégant à la fois, une gamme très complète, allant du classique vélo de ville à la gamme VTT pleine de technologie en passant par le vélo pliable tenant dans un sac, indispensable accessoire des « navetteurs ». O2feel propose même des *beach cruisers* électriques pour des balades sur la plage, ou encore des vélos adaptés aux petites tailles. Le tout pour des tarifs allant de 1 900 à 5 000 euros. [...]. Depuis leur première vente en 2009 sur le marché français, et en 2011 sur le marché belge, O2feel a considérablement développé son réseau de revendeurs en France et à l'étranger (plus de 400). L'entreprise compte désormais 35 collaborateurs, présente 27 modèles et s'est lancée cette année à la conquête du vaste marché européen.

Pour toute technologie de mobilité électrique, le nerf de la guerre réside dans les batteries. Si pour beaucoup de ses pièces O2feel a conclu un partenariat avec le géant japonais Shimano, la marque conçoit et dessine elle-même ses batteries dont elle vante le « cahier des charges précis » et « la durée de vie remarquable ». [...] Aujourd'hui, le *click to store* est toujours accessible pour les accessoires (batteries, chargeurs, etc.) et les clients peuvent venir tester les vélos électriques en magasin (réservation en ligne pour le *test and ride*).

Service communication O2feel e-bikes, success-stories.fr, 22/01/2022

> Précisez l'activité de l'entreprise O2feel.

....

> Listez ses principaux partenaires.

....

Citez les facteurs qui favorisent l'usage du vélo en ville.

....

....

....

....

....

Fiche d'identité de l'entreprise
foucherconnect.fr/21ed001

Vidéo +
France : avec le déconfinement, le vélo a le vent en poupe
2'16''
foucherconnect.fr/21ed002

LE MODULE EN PERSPECTIVE

MODULE 1
À la découverte de l'environnement économique et de son cadre juridique

1 Quelles relations les agents économiques entretiennent-ils entre eux ?

- Repérer le rôle des principaux agents économiques. Chap 1
- Identifier les échanges entre les différents agents économiques. Chap 2
- Repérer les différents marchés. Chap 3

2 Dans quel cadre juridique les acteurs inscrivent-ils leur activité ?

- Identifier les fonctions du droit et connaître l'organisation des juridictions. Chap 4
- Situer un texte dans la hiérarchie des normes. Chap 5
- Identifier la source de droit applicable dans une situation donnée. Chap 6

3 Comment les agents formalisent-ils leurs relations ?

- Identifier les parties et l'objet d'un contrat. Chap 7
- Décrire les droits et obligations de chacune des parties au contrat. Chap 8
- Reconnaître les conditions de mise en œuvre de la responsabilité civile contractuelle. Chap 9

1

Le rôle des principaux agents économiques

CAPACITÉ Repérer le rôle des principaux agents économiques

SITUATION

Voici une journée bien remplie pour Alice, gérante d'une boutique de prêt-à-porter. Au cours de celle-ci, elle entre en relation avec d'autres agents économiques, à titre professionnel ou privé.

1 Expliquez pourquoi Alice est un agent économique participant activement à la vie économique.

2 Listez les besoins correspondant aux activités d'Alice.

Vidéo +

La conciergerie d'entreprise havraise en plein boom
2'09''

foucherconnect.fr/21ed101

Précisez l'intérêt d'une conciergerie d'entreprise pour les salariés.

1 Les besoins et les biens économiques

DOC 1 Les besoins humains

Tous les êtres humains ont des besoins qui correspondent à un sentiment de manque ou de privation, accompagné du désir de le voir disparaître :
- des **besoins physiologiques** ou **primaires**, vitaux et indispensables à l'existence : nourriture, logement, habillement, santé…
- des **besoins secondaires** ou de **civilisation** qui apparaissent après les besoins primaires : éducation, loisirs, sécurité, estime, accomplissement personnel…

1 Indiquez les actes de la vie courante et le type de besoin auquel ils correspondent.

…………………………	…………………………	…………………………	…………………………

2 Expliquez ce qui distingue le besoin de manger de celui de voyager.

……………………………………………………………………………………

……………………………………………………………………………………

DOC 2 Les biens économiques

Les biens permettent de satisfaire les besoins humains. Les *biens naturels ou libres* se trouvent dans la nature, en quantité limitée (ex. : eau, air). Les *biens publics* sont accessibles à tous et leur consommation par un individu ne prive pas les autres de les consommer de la même manière (ex. : éclairage public, émission télévisée).

Les *biens économiques*, nés de l'activité humaine et transformés tout au long du processus de production (ex. : véhicule, ordinateur), peuvent être classés en deux catégories :

Biens matériels

Produits physiques :
- durables et utilisables plusieurs fois (meuble, smartphone…)
- non durables et détruits à la première utilisation (boisson, allumette…)

Biens immatériels ou services

Produits sans existence matérielle
Activités de services
Prestations techniques ou intellectuelles (coiffure, consultation médicale…)

Les **services** peuvent être **marchands**, c'est-à-dire payants (ex. : coupe de cheveux, place de cinéma), ou **non marchands** et fournis gratuitement ou à faible tarif (ex. : bus scolaire, gymnase).

3 Précisez, pour chaque activité, sa nature dans le tableau ci-dessous.

Activités	Consommation de biens matériels		Consommation de services
	Durables	Non durables	
Manger une glace			
Prendre le bus			
Suivre un cours de danse			
Acheter un scooter			

2 L'activité économique

DOC 3 Les agents économiques et leurs opérations

Tous les individus participent à la vie économique et sont considérés comme des agents économiques.

Un **agent économique** est une personne agissant de manière isolée (ex. : un célibataire, un ménage*) ou un groupe de personnes (ex. : une entreprise, une banque) qui prend des décisions et réalise des actes économiques.

Les agents économiques sont en relation avec d'autres agents économiques. L'*activité économique* permet de satisfaire les besoins des hommes vivant en société à travers des opérations de **production**, de **distribution** ou de **consommation** de biens ou de services.

* Personnes vivant sous un même toit sans qu'elles soient nécessairement unies par des liens de parenté. Un ménage peut être composé d'une seule personne.

	L'entreprise SBF fabrique et commercialise des vélos électriques.
	Loïc, étudiant, se rend au restaurant du Port.
	La famille Joly achète des livres à la Fnac.
	La Banque populaire verse une prime exceptionnelle de fin d'année à ses salariés.
	Jihane est coiffeuse à domicile.
	La Caisse d'allocations familiales verse des allocations aux familles.

4 Listez les différents agents économiques et répartissez-les en deux catégories :

– personnes agissant à titre personnel : ....

....

– groupe de personnes : ....

....

5 Précisez l'acte économique effectué par chacun des agents économiques et déterminez la nature de l'opération réalisée.

Agent économique	Acte économique	Nature de l'opération réalisée		
		Production	Distribution	Consommation
Entreprise SBF	Fabrication de vélos électriques	✘		
Loïc, étudiant	....			
Famille Joly	....			
Banque populaire	....			
Jihane	....			
Caisse d'allocations familiales	....			

3 Le rôle des agents économiques

DOC 4 La fonction principale d'un agent économique

Un agent économique peut avoir plusieurs fonctions, par exemple : produire, consommer, épargner.
Dans un souci de simplification, la comptabilité nationale regroupe les agents économiques en secteurs institutionnels *selon leur activité principale* :
- les ménages : consommation de biens et services ;
- les entreprises : production de biens et services ;
- les administrations publiques : mise à disposition de services non marchands ;
- les institutions financières : production de services financiers ;
- le reste du monde : échanges commerciaux (importations, exportations).

Ainsi, la société Volemax qui fabrique des volets électriques est répertoriée dans la catégorie des entreprises.

Pour produire, elle s'approvisionne auprès de fournisseurs résidant en France et à l'étranger.

Elle vient d'expédier une commande importante aux Établissements Gregorio basés à Rome.

Manon, assistante administrative, est chargée des relations avec la Banque postale et la Caisse d'Épargne.

Rachid, comptable, prépare la paie, règle les cotisations à la Sécurité sociale et les impôts au Trésor public.

Les principales ressources des entreprises proviennent du produit des ventes réalisées.

6 **Surlignez dans le document les agents économiques en relation avec l'entreprise Volemax.**

7 **Citez les partenaires de la société Volemax et indiquez leur fonction principale.**

Partenaires	Catégorie d'agent économique	Fonction principale	Ressources principales
Fournisseurs français	Entreprises	Produire des biens et des services marchands	Produit des ventes
....	....	....	Salaires, revenus du patrimoine, prestations sociales
....	....	....	Prélèvements obligatoires (impôts, taxes, cotisations sociales)
....	....	....	Intérêts des crédits accordés, épargne collectée
....	....	....	Paiement des biens et services échangés

Le rôle des principaux agents économiques

Synthèse

foucherconnect.fr/21ed102
Rédigée
Audio

1 Les besoins et les biens économiques

BESOINS HUMAINS

- **Primaires** (se nourrir, se loger…)
- **Secondaires** (se former, se distraire…)

SATISFAITS PAR LA CONSOMMATION INDIVIDUELLE OU COLLECTIVE
des biens (vêtements, aliments…) et des services (cours, coiffure, théâtre…)

2 L'activité économique

AGENT ÉCONOMIQUE
(personne seule ou groupe de personnes)

Réalisation d'une activité économique pour satisfaire des besoins

Production, distribution, consommation des biens et des services

3 Le rôle des agents économiques

AGENTS ÉCONOMIQUES	FONCTION PRINCIPALE
Ménages	Consommer des biens et des services
Entreprises	Produire des biens et des services marchands
Administrations publiques	Produire des services non marchands
Institutions financières	Produire des services financiers
Reste du monde	Échanger avec les agents économiques nationaux

À vous de jouer !

1 Testez vos connaissances

#QCM interactif

foucherconnect.fr/21ed103

2 À chacun sa fonction

Reliez chaque agent économique à sa fonction principale.

Institutions financières	Production de services non marchands
Ménages	Production de services financiers
Administrations publiques	Production de biens et de services marchands
Reste du monde	Consommation de biens et de services
Entreprises	Échanges avec les agents nationaux

3 La taille des ménages

Ménages selon le nombre de personnes (en milliers)

Nombre d'occupants	Nombre de ménages		
	1999	2009	2016
1	7 380,1	9 062,4	10 227,8
2	7 414,2	8 876,5	9 347,5
3	3 848,6	3 918,4	3 928,9
4	3 276,6	3 307,2	3 321,9
5	1 322,0	1 238,5	1 210,8
6 et plus	566,6	463,0	458,9
Ensemble	23 808,0	26 866,0	28 495,8

Tout savoir sur la population/Les chiffres/France/Les couples, menages, familles, www.ined.fr, février 2020

Relevez la caractéristique principale de la composition des ménages.

....

....

....

....

Quelles relations les agents économiques entretiennent-ils entre eux ?

Les échanges entre les agents économiques

2

CAPACITÉ Identifier les échanges entre les différents agents économiques

SITUATION

Le dirigeant de l'entreprise de transport international TransEuro se trouve en relation avec de nombreux partenaires (clients, fournisseurs, banques, administrations...) qui, comme lui, participent à l'activité économique.

1 Indiquez la fonction principale d'une entreprise de transport international.

....

....

....

2 Listez les agents économiques avec lesquels l'entreprise se trouve en relation.

....

....

....

....

....

Vidéo +

Les Joyeux Recycleurs : la collecte des déchets en entreprise 2'33''

foucherconnect.fr/21ed104

Citez les principaux partenaires avec lesquels l'entreprise Les Joyeux Recycleurs réalise des échanges.

....

....

....

....

....

....

1 Les biens et services échangés

DOC 1 La production marchande et non marchande

Production marchande	Production non marchande
Biens et services échangés sur un marché à un prix de vente qui couvre au moins les coûts de production	Biens et services proposés gratuitement ou à un prix très inférieur à leur coût de production
Production offerte sur le marché par les entreprises privées (ex. : Danone, Michelin) ou publiques (ex. : La Poste, SNCF) Ex. : automobiles, meubles, repas au restaurant, voyages en train	Production offerte sur le marché par les administrations publiques (État, régions, Sécurité sociale) et les associations (ex. : Restos du Cœur, Emmaüs) Ex. : écoles, crèches, services municipaux, bibliothèques, justice

1 **Précisez la nature des biens consommés dans les situations suivantes.**

Activités	Biens		Services	
	marchands	non marchands	marchands	non marchands
Fréquenter la piscine municipale				
Acheter une montre				
Prendre un taxi				
Cuisiner les légumes de son potager				

DOC 2 Les services marchands non financiers

Les services marchands non financiers comprennent principalement les services rendus aux entreprises, aux particuliers, l'hébergement-restauration, les activités immobilières et l'information-communication.

Ils n'intègrent pas les services liés au financement de l'activité économique, rendus notamment par les banques et les sociétés d'assurances.

Évolution de la production des services marchands non financiers en 2018

par rapport à l'année précédente en volume en %

	Évolution annuelle en volume
Activités spécialisées, scientifiques et techniques	5,5
Information et communication	5,1
Hébergement et restauration	4,2
Activités de services administratifs et de soutien	4,2
Arts, spectacles et activités récréatives marchands	3,8
Autres activités de services hors associations	2,5
Activités immobilières	1,8

Insee TEF 2020

2 **Citez des exemples de services marchands :**

– financiers : ....

– non financiers : ....

3 **Listez les domaines dans lesquels la production de services est en forte évolution.**

....

....

2 Les flux réels et monétaires

DOC 3 Les flux entre agents économiques

Un **flux réel** est un mouvement de biens ou de services entre des agents économiques, par exemple un flux de marchandises, de matières premières, de services.

Un **flux monétaire** ou financier engendre un mouvement de monnaie entre des agents économiques, par exemple le paiement d'une facture, le versement d'un salaire, le règlement d'intérêts bancaires.

La plupart du temps, un flux réel est compensé par un flux monétaire et inversement. Ainsi, lorsqu'un fournisseur livre des marchandises (flux réel), le client règle le montant des biens achetés (flux monétaire), ce qui peut se matérialiser sur le schéma suivant :

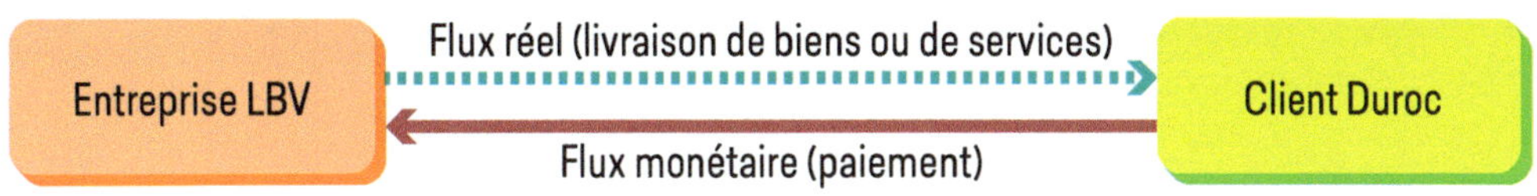

Toutefois, certains flux n'ont pas de contrepartie :

– le travail d'un bénévole au sein d'une association (flux réel) ne donne pas lieu au versement d'un salaire et n'a donc pas de contrepartie monétaire ;

– une subvention (aide financière non remboursable) versée par une collectivité territoriale, ou l'État, à une entreprise (flux monétaire), ne donne pas lieu en retour à un flux réel ou monétaire mais à un engagement à réaliser quelque chose (ex. une prestation de transport pour un transporteur scolaire).

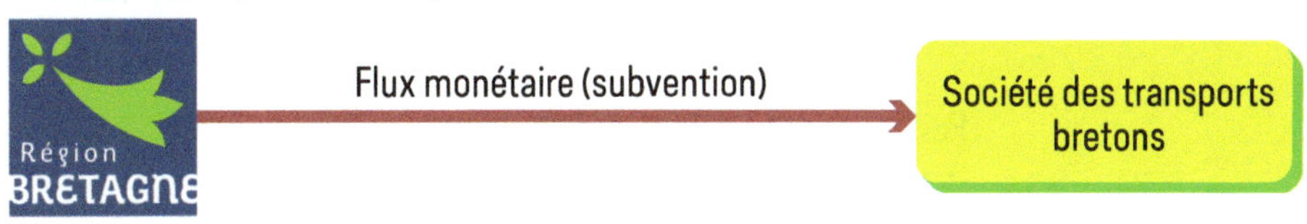

4 Complétez le schéma représentant les échanges entre les deux agents économiques mis en situation, en faisant apparaître les flux réels (en bleu) et les flux monétaires (en rouge).

Situation : Jade est employée en qualité d'assistante de direction par le Supermarché de la Mer auprès duquel elle effectue régulièrement ses courses.

Jade

....

....

....

....

Supermarché de la Mer

....

....

3 Le circuit économique

DOC 4 Le circuit économique simplifié

Le **circuit économique** est une représentation visuelle et simplifiée de l'activité économique. Il permet de décrire, au moyen des flux, les relations essentielles entre les différents agents économiques. Chaque flux est caractérisé par sa nature et représenté au moyen d'une flèche orientée.

5 **Précisez l'intérêt de représenter l'activité économique sous la forme d'un circuit simplifié.**

....

....

....

....

6 **Reportez sur le schéma du circuit économique simplifié les termes suivants :** *biens et services, travail, salaire, services non marchands, impôts, cotisations sociales, prêts, placements, intérêts.*
Utilisez le code couleur sur les flèches pour matérialiser les flux réels (bleu) et les flux monétaires (rouge).

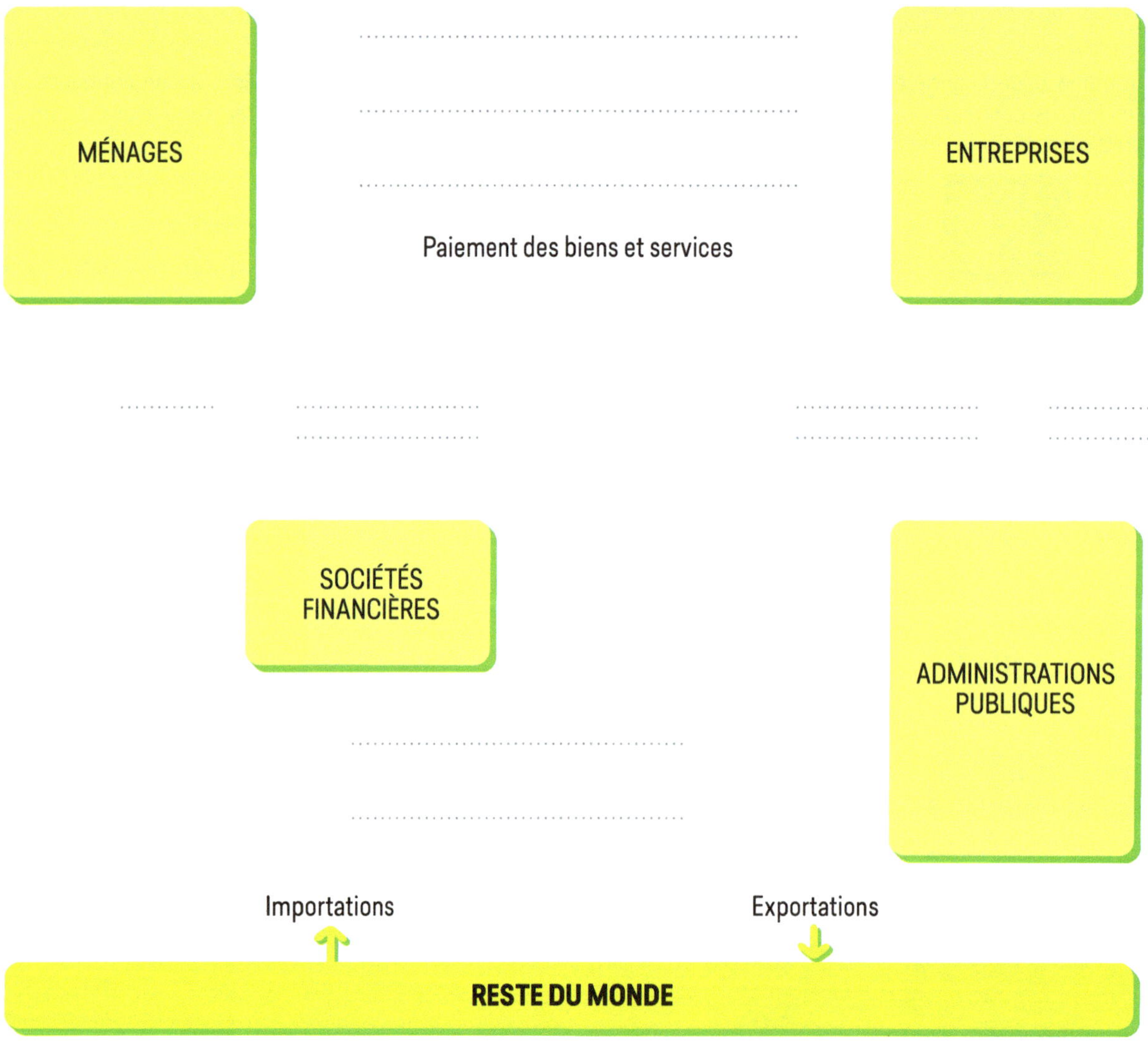

Synthèse

foucherconnect.fr/21ed105
Rédigée
Audio

1 Les biens et services échangés

PRODUCTION MARCHANDE	+	PRODUCTION NON MARCHANDE
Biens **matériels** (ex. : une table) et **immatériels** ou **services payants** (ex. : coupe de cheveux) proposés sur un marché		Principalement **services** proposés par les **administrations publiques gratuitement** (ex. : justice) ou à **tarif très bas** (ex. : cantine municipale)

2 Les flux réels et monétaires

Flux réels (ou physiques)	Mouvements de biens ou de services entre des agents économiques (ex. : vente de marchandises)
Flux monétaires (ou financiers)	Mouvements d'argent entre des agents économiques (ex. : paiement d'une facture)

3 Le circuit économique

Représentation visuelle et simplifiée de l'activité économique, le circuit économique permet de décrire, au moyen des flux, les relations essentielles entre les différents agents.

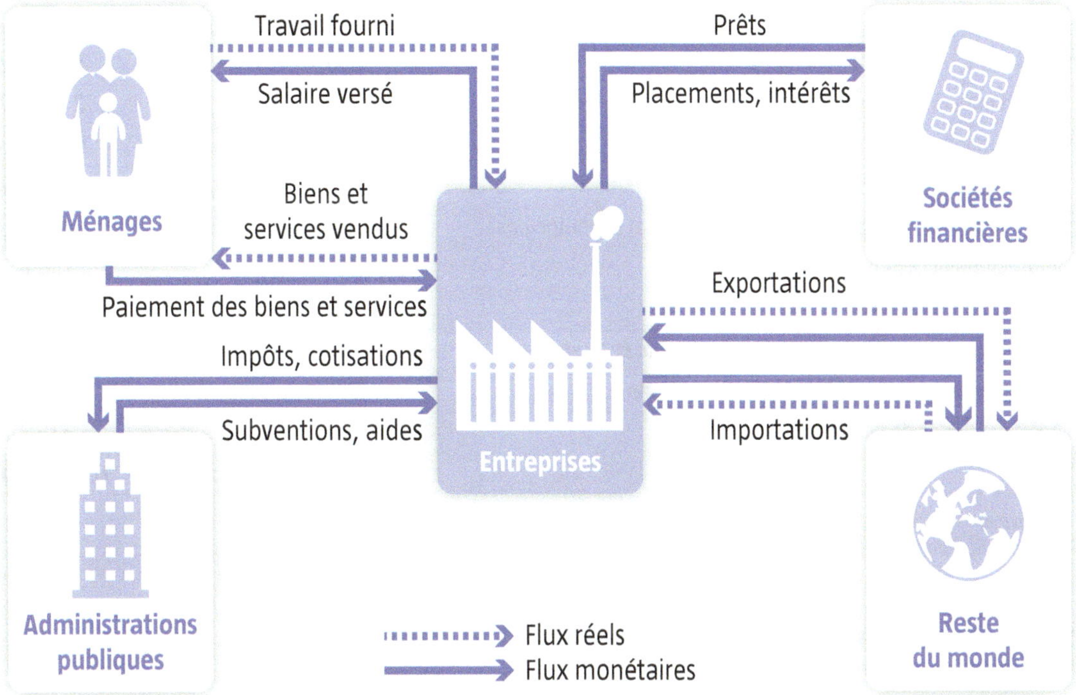

À vous de jouer !

1 Testez vos connaissances

#QCM interactif

foucherconnect.fr/21ed106

2 Mots croisés

Complétez la grille à l'aide des définitions.

- Ⓐ Produisent des services financiers
- Ⓑ Échange avec les agents économiques nationaux
- Ⓒ Prestations immatérielles
- Ⓓ Fournissent des services non marchands

- ❶ Produisent des biens et des services marchands
- ❷ Consomment des biens et des services
- ❸ Réels ou monétaires
- ❹ Produits physiques durables ou non durables

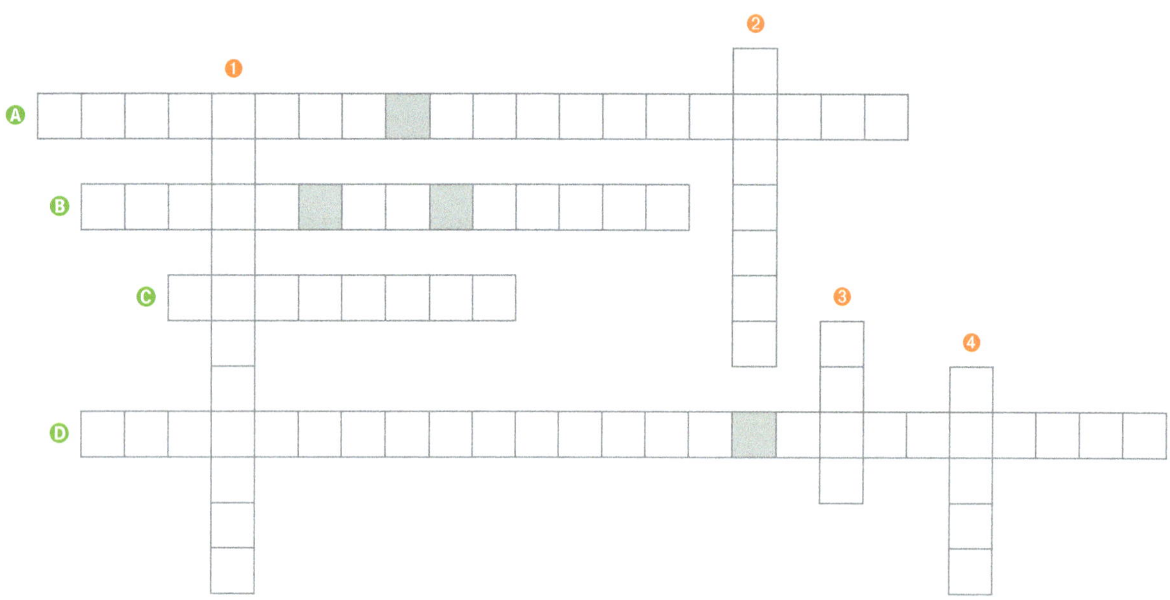

3 Les secteurs marchands par activité en 2017

	Nombre d'entreprises	Salariés en EQTP[1]
Industrie	239 474	3 131 082
dont industrie manufacturière	201 261	2 737 417
Construction	471 300	1 325 788
Commerce, transports, hébergement et restauration	1 055 795	4 711 913
dont commerce, réparation d'automobiles et de motocyles	685 853	2 627 875
Information et communication	126 843	758 142
Activités immobilières	235 220	201 100
Act. spéc., scient. et tech. et act. de serv. adm. et de soutien	653 741	1 785 193
Enseignement, santé humaine et action sociale	613 556	643 517
Autres activités de services	357 817	338 317
Total	**3 754 019**	**12 895 050**

1. Équivalent temps plein.
Champ : entreprises des secteurs marchands hors agriculture et secteur financier.

Source : Insee, Ésane. Insee Références, édition 2020 – Entreprises P 145

Relevez les principales caractéristiques de la production marchande.

....

Quelles relations les agents économiques entretiennent-ils entre eux ?

3 Les différents types de marchés

CAPACITÉ Repérer les différents marchés

SITUATION

Martin et Paul, élèves en terminale Bac Pro Métiers du Commerce et de la Vente, souhaitent trouver un emploi saisonnier qui leur permettrait de financer leurs vacances.

1 Indiquez la finalité du projet des deux amis dans leur recherche d'emploi.

....

....

....

....

2 Donnez le nom du marché sur lequel ils postuleront.

....

....

....

Vidéo +

Quelles sont les conséquences du confinement sur le marché de l'immobilier ? 2'48''

foucherconnect.fr/21ed003

Précisez les raisons qui expliquent l'augmentation des transactions sur le marché de l'immobilier.

....

....

....

....

1 Le marché des biens et des services

DOC 1 La notion de marché

En économie, le marché est un système d'échanges où se rencontrent l'**offre** (les vendeurs) et la **demande** (les acheteurs).

L'**offre** englobe les producteurs et les distributeurs, ceux qui proposent un bien ou un service à la vente. La **demande** se compose de toutes les personnes qui exercent une action dans l'acquisition d'un produit.

1 **Expliquez la notion de marché.**

....

....

....

2 **Précisez le rôle des personnages illustrant le document.**

....

....

....

DOC 2 Commerce en ligne : Amazon est-il le roi en France ?

Amazon, le géant américain de la distribution en ligne, tente de séduire nos compatriotes. D'ailleurs, les sites de commerce en ligne sont les grands gagnants de ce nouveau confinement. Mais, depuis deux semaines, Amazon, certes toujours leader, perd des parts de marché. Le consommateur est-il en train de changer ses habitudes ?

Nos concitoyens font de la résistance. Les sites, comme Fnac, Rakuten ou Cdiscount volent des parts de marché au géant Amazon. Cdiscount vient même de lancer une rubrique réservée aux commerçants français. Et les ventes y explosent à plus de 60 % depuis le reconfinement.

Lci.fr, 14.11.2020

3 **Expliquez la position d'Amazon sur le marché du e-commerce.**

....

....

....

4 **Indiquez pourquoi le développement des ventes en ligne s'accélère de nos jours.**

....

....

2 Le marché des capitaux

 # vidéo
Les marchés financiers - 2,01 min
foucherconnect.fr/21ed004

DOC 3 Le principe du marché des capitaux

Lieu (souvent virtuel) où se rencontrent des agents économiques en recherche de financement ou en capacité de financement. Les **trois composantes principales** constituant un marché de capitaux sont les suivantes :

Marché obligataire	Marché financier	Marché monétaire
Lieu où les entreprises privées et publiques souhaitent emprunter de l'argent pour financer certains projets. Elles émettent alors des obligations (valeurs à rembourser aux propriétaires)	Lieu où s'échangent des capitaux. Tous les agents économiques sont concernés car certains achètent des titres financiers : actions (titres de propriété d'une société) ou obligations	Lieu qui permet d'échanger et de placer des liquidités à court terme

5 Soulignez, dans le document 3, la définition du marché des capitaux.

6 Citez les différents agents économiques concernés par les marchés financiers.

....

....

DOC 4 Le prêt garanti par l'État, comment ça marche ?

Dès demain toutes les entreprises, à quelques exceptions près, pourront solliciter leur banquier pour souscrire un prêt garanti par l'État ou PGE. Cela fait suite à la promesse du président de la République, le 16 mars dernier, de garantir des prêts bancaires accordés aux entreprises à hauteur de 300 milliards d'euros pour éviter des faillites dues à la crise économique provoquée par l'épidémie du coronavirus Covid-19.

Ce dispositif encore inédit dans l'Union européenne, mais que d'autres pays pourraient mettre également en place, permet aux banques de pouvoir octroyer, avec un maximum de sécurité, ces prêts aux entreprises confrontées à des enjeux de trésorerie.

Ce mardi, la direction générale du Trésor, Bpifrance et la Fédération bancaire française (FBF) ont détaillé à la presse les modalités de ce système de garantie publique de masse, monté en quelques jours.

Juliette Raynal, LaTribune.fr, 24.03.2020

7 Indiquez, pour chaque agent économique cité dans le document 4, son rôle vis-à-vis des prêts d'argent.

....

....

....

3 Le marché du travail

DOC 5 Les caractéristiques du marché du travail

Au sens économique, par analogie avec le marché des biens et des services, le **marché du travail** désigne le marché théorique où se rencontrent l'offre et la demande de travail.

L'**offre de travail** est faite par les salariés et les personnes à la recherche d'un emploi.

La **demande de travail** est exprimée par les entreprises pour couvrir leurs besoins en main-d'œuvre nécessaire à la production de biens et de services.

8 Indiquez qui sont les parties en présence sur le marché du travail et précisez leur rôle.

....

....

DOC 6 Les déterminants de l'offre et de la demande de travail

Plusieurs facteurs peuvent influencer l'offre et la demande de travail : l'allongement de la durée de la scolarité, l'attractivité des postes proposés, l'arbitrage personnel entre travail et temps libre, l'évolution de la population active (personnes ayant un emploi + chômeurs), le taux d'activité (nombre d'actifs/nombre d'habitants), la durée du travail, les contraintes légales (salaires minimums, charges sociales, réglementation du travail...).

9 Soulignez, dans le document 6, les facteurs liés aux caractéristiques de la population qui peuvent agir sur l'offre et la demande de travail.

DOC 7 L'évolution du chômage en France depuis 2003

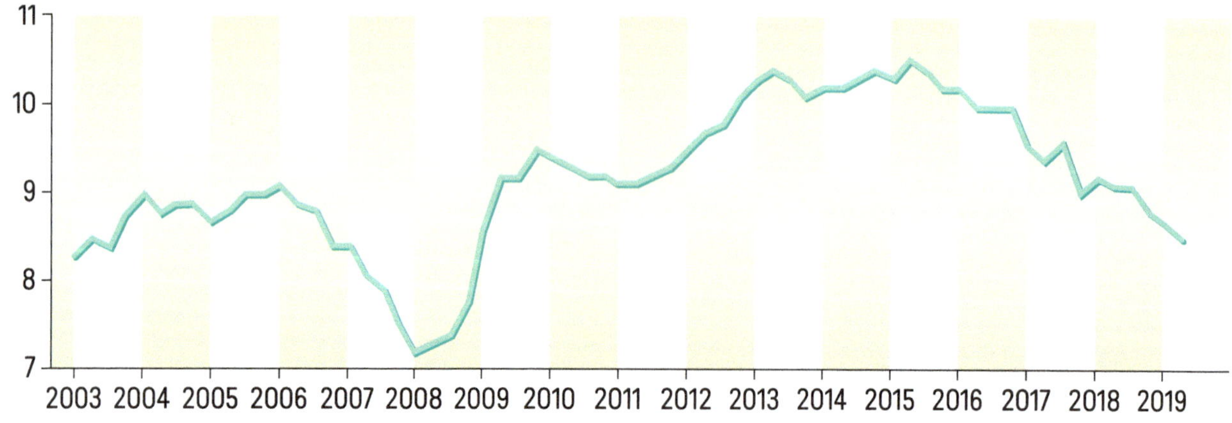

Insee

10 Commentez l'évolution du chômage en France depuis 2003.

....

....

....

Les différents types de marchés

Synthèse

foucherconnect.fr/21ed005
Rédigée
Audio

1 Le marché des biens et des services

LIEU OÙ SE RENCONTRENT L'OFFRE (vendeurs) ET LA DEMANDE (acheteurs) POUR ÉCHANGER

- **Biens**
- **Services**

2 Le marché des capitaux

LIEU D'ÉCHANGES DE CAPITAUX (sommes d'argent et titres financiers) OÙ CHAQUE AGENT ÉCONOMIQUE PEUT INTERVENIR

- **Marché obligataire**
  Échanges d'obligations
- **Marché financier**
  Échanges de titres financiers
- **Marché monétaire**
  Échanges de liquidités

3 Le marché du travail

LIEU (physique ou virtuel) DE RENCONTRE ENTRE L'OFFRE ET LA DEMANDE DE TRAVAIL

- **Offre de travail**
  Faite par les salariés et les personnes en recherche d'emploi
- **Demande de travail**
  Exprimée par les entreprises pour leurs besoins en main-d'œuvre

À vous de jouer !

1 Testez vos connaissances

#QCM interactif

foucherconnect.fr/21ed006

2 À chacun son marché

Reliez les organisations au marché correspondant.

Organisations		Marchés
Auchan – Apple	• •	**Marché du travail**
pôle emploi – CADREMPLOI	• •	**Marché financier**
CAISSE D'EPARGNE – CRÉDIT AGRICOLE	• •	**Marché des biens et des services**

3 Méli-mélo

Démêlez les lettres données afin de trouver la définition correspondant à l'image.

E / H / R / C / A / M / R / I / E / C / N / N / A / I / F

Réponse : ....

Méthode 1

Identifier un document

Les ménages

Dans les enquêtes auprès des ménages réalisées par l'Insee [...] sont considérées comme formant un ménage l'ensemble des personnes (apparentées ou non) qui partagent de manière habituelle un même logement (que celui-ci soit ou non leur résidence principale) et qui ont un budget en commun [...], c'est-à-dire qui apportent des ressources servant à des dépenses faites pour la vie du ménage ou qui bénéficient simplement de ces dépenses.

Insee, TEF, 2020

Type : ....

Caractéristiques : ....

Finalité : ....

....

Secteurs marchands selon la taille des entreprises en 2018

Catégorie d'entreprise	Nombre d'entreprises	Salariés (en EQTP)[1]
Grandes entreprises et entreprises de taille intermédiaire	5 906	6 703 992
Petites et moyennes entreprises (PME), hors microentreprises	146 497	3 822 076
Microentreprises	3 675 617	2 365 032
TOTAL	3 828 020	12 891 100

1. Équivalent temps plein.

Insee, 24/09/2020

Type : ....

Caractéristiques : ....

....

Finalité : ....

....

Le mobile, toujours plus plébiscité par les Français

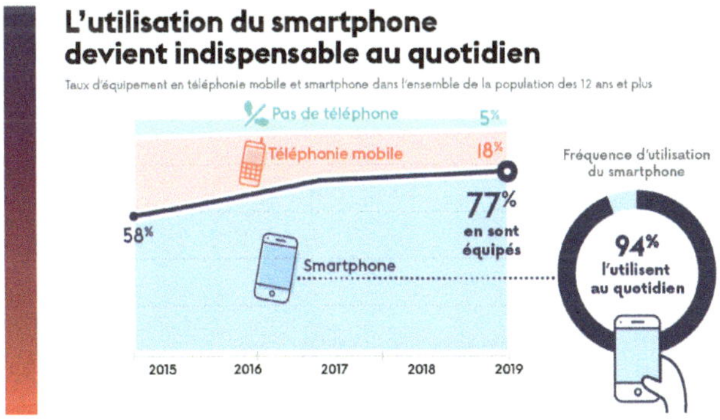

Baromètre du numérique 2019/Étude réalisée par le Credoc

Type : ....

Caractéristiques : ....

Finalité : ....

....

Compléter les pointillés en suivant la **méthode 1**.

Vocabulaire

Identifier : nommer, reconnaître.
Caractériser : distinguer, individualiser, spécifier.

Méthode 1

1. Identifier le type de document dont il s'agit (texte, graphique, tableau).
2. Indiquer ce qui le caractérise, le distingue des autres types de documents.
3. Préciser la finalité du document (explication, présentation, représentation...).

Méthode 2

Comprendre un texte économique

Les grands secteurs d'activité de l'économie

Le groupement des activités économiques de production se fonde sur la notion de secteurs d'activité. Un secteur d'activité regroupe des entreprises de fabrication, de commerce ou de services qui ont la même activité principale dans une nomenclature d'activité économique donnée. [...]

Le **secteur primaire** regroupe l'ensemble des activités dont la finalité consiste en une exploitation des ressources naturelles : agriculture, pêche, forêts, mines, gisements. Toutefois, selon le point de vue, les industries extractives peuvent aussi être classées dans le secteur secondaire.

Le **secteur secondaire** regroupe l'ensemble des activités consistant en une transformation plus ou moins élaborée des matières premières (industries manufacturières, construction).

Le **secteur tertiaire** se définit par complémentarité avec les activités agricoles et industrielles (secteurs primaire et secondaire). Il se compose :
– du tertiaire principalement marchand (commerce, transports, activités financières, services rendus aux entreprises, services rendus aux particuliers, hébergement-restauration, immobilier, information-communication) ;
– du tertiaire principalement non marchand (administration publique, enseignement, santé humaine, action sociale).

www.vie-publique.fr, © DILA, sept. 2019

....

Idée principale : ....

....

Idée secondaire : ....

Idée secondaire : ....

Idée secondaire : ....

Sous-partie : ....

Sous-partie : ....

....

....

Vocabulaire

Mot-clé : mot ou groupe de mots permettant de caractériser le contenu d'un document.

Repérer : trouver parmi un ensemble.

Compléter les pointillés en suivant la **méthode 2**.

Méthode 2

1. Identifier la nature du document et son origine (sujet, date, auteur, source).
2. Comprendre la structure du texte (le plan du texte).
3. Identifier l'idée principale, les idées secondaires et les sous-parties du texte avec leur argumentation.
4. Repérer, en les soulignant, les mots-clés en relation avec l'idée principale de chaque partie et sous-partie.

Dans quel cadre juridique les acteurs inscrivent-ils leur activité ?

4

Les fonctions et caractères du droit

CAPACITÉ Identifier les fonctions du droit et connaître l'organisation des juridictions

SITUATION

Thomas et Romain, élèves au lycée Langevin, se retrouvent pendant la récréation dans la cour du lycée. Ils ont prévu de passer le prochain week-end à la montagne avec d'autres amis.

1 Précisez la nature de l'infraction commise par la sœur de Thomas.

....

....

2 Indiquez la nature de la sanction infligée.

....

....

....

....

....

Vidéo +

Soldes : droits et réglementation 1'33''

foucherconnect.fr/21ed107

Expliquez pourquoi une réglementation sur les soldes a été nécessaire au XXe siècle.

....

....

....

....

1 L'objet du droit

DOC 1 La philosophie et l'esprit des Lois du Jeu

Le football est le sport le plus populaire de la planète. Il se joue dans tous les pays et à tous les niveaux. Les Lois du Jeu sont identiques pour tous, qu'il s'agisse de la finale de la Coupe du monde de la FIFA™ ou d'un match entre enfants dans un village retiré (...). Les arbitres doivent appliquer les Lois dans l'« esprit » du jeu afin d'aider à la tenue de matchs équitables et sûrs.

www.fifa.com

DOC 2 Baisse de la vitesse maximale autorisée de 90 à 80 km/h

La vitesse est la première cause des accidents mortels en France (31 %). Le réseau routier sur lequel les accidents mortels sont les plus fréquents est celui des routes à double sens sans séparateur central (55 % de la mortalité routière). Au 1er juillet 2018, la vitesse maximale autorisée passe de 90 à 80 km/h sur ces routes où la mortalité routière est la plus forte (décret n° 2018-487 du 15 juin 2018).

www.securite-routiere.gouv.fr

1 **Prenez connaissance des documents 1 et 2 et répondez aux questions.**

	Doc 1	Doc 2
Personnes concernées	....	....
Objet	....	....
Objectifs	....	....
Texte de référence	....	....

DOC 3 Les finalités du droit

Acheter une voiture, se marier, louer un appartement, voter, tous ces actes de la vie courante mettent en œuvre des règles juridiques.

Le droit est un ensemble de règles destinées à organiser la vie en société. Il sert à régir la conduite des hommes entre eux, à assurer leur sécurité, pour permettre un vivre-ensemble harmonieux qui soit juste et respectueux de chacun.

Le non-respect d'une règle de droit est sanctionné.

2 **Expliquez l'intérêt d'encadrer les relations entre les individus par des règles de droit.**

....

....

....

....

....

2 Les branches du droit et les juridictions

DOC 4 Les principales branches du droit national

Le droit public	Il est au service de l'intérêt général. Il régit les relations entre les personnes publiques* et entre les personnes privées et les personnes publiques. **État, collectivités territoriales (mairie...), universités...*	- Droit constitutionnel - Droit administratif - Droit des finances publiques
Le droit privé	Il régit les relations entre les personnes privées physiques ou personnes privées morales*. **Entreprises, sociétés civiles, groupements d'intérêt économique, associations...*	- Droit civil - Droit du travail - Droit commercial
Le droit mixte	Il inclut des éléments du droit public et des éléments du droit privé.	- Droit pénal - Droit fiscal - Droit judiciaire privé

3 **Indiquez pour chaque situation quelle est la branche du droit concernée.**

Situations	Branche du droit concernée
Louis et Grégory sont voisins et en désaccord sur la limite de leur terrain.	....
Lucie reproche à son employeur de ne pas lui payer ses heures supplémentaires.	....
La mairie de Lille n'a pas signalé des travaux sur la chaussée. Maxime s'est blessé en tombant sur la route.	....
Une société de commercialisation d'éoliennes domestiques a escroqué 500 clients particuliers en France.	....
L'environnement est un principe constitutionnel depuis la création de la Charte de l'environnement en 2005.	....
M. X, propriétaire d'un lévrier italien, risque une peine de deux ans d'emprisonnement et 30 000 euros d'amende (article 521-1 du Code pénal) pour avoir abandonné son animal domestique.	....

DOC 5 Les juridictions civiles et pénales

Les juridictions civiles : le tribunal judiciaire (fusion des tribunaux d'instance et de grande instance en 2020) règle les litiges entre personnes privées (logement, voisinage, divorce...) et permet d'obtenir, selon le dommage causé à autrui, une compensation, souvent financière.

Les juridictions pénales : le tribunal de police, le tribunal correctionnel et la cour d'assises permettent d'obtenir la condamnation d'une personne coupable d'une infraction à la loi (peine de prison ou amende).

4 **Soulignez, dans le document 5, les motifs de condamnation par les tribunaux.**

3 Les caractères de la règle de droit

DOC 6 Les caractères de la règle de droit

Les règles de droit organisent les rapports entre les êtres humains dans une société. Ces règles sont :
- **impersonnelles**, elles ne s'appliquent pas à un individu déterminé mais à un groupe d'individus (citoyens d'un pays...) ;
- **obligatoires**, elles expriment un ordre qui s'adresse à tous : tout non-respect entraîne des sanctions ;
- **générales**, elles s'appliquent à tous sans distinction.

DOC 7 Fabrication, usage ou détention de faux documents

Toute personne qui fabrique, détient ou utilise en toute connaissance de cause un document falsifié pour obtenir des droits ou prouver un fait, une identité, ou une qualité commet un délit. [...]

Il s'agit d'actes par lesquels une personne conçoit un document de toutes pièces ou modifie les informations contenues dans un vrai document : pièce d'identité, diplôme, bulletin de paie, contrat de travail, arrêt maladie. [...]

Le fait d'imiter une signature est également considéré comme étant un délit de faux. [...]

En cas de fabrication ou d'usage de faux documents, l'auteur risque jusqu'à 3 ans de prison et 45 000 € d'amende.

Lorsque le faux est commis sur un document habituellement délivré par une administration publique, la sanction est plus lourde. L'auteur encourt en effet 5 ans d'emprisonnement et 75 000 € d'amende.

Par ailleurs, ces peines peuvent être assorties de sanctions complémentaires. L'auteur du délit pourra également être amené à payer des dommages et intérêts et à rembourser toutes les sommes qu'il aura perçues en fournissant ces faux documents.

https://demarchesadministratives.fr

5 Expliquez, dans le tableau, les éléments qui caractérisent la règle de droit relative à l'usage de faux documents.

Impersonnelle	Obligatoire	Générale
....	....	....
....	....	....
....	....	....
....	....	....

6 Précisez si les affirmations suivantes sont vraies ou fausses.

Affirmations	Vrai	Faux
Imiter une signature est un délit.		
Fabriquer un faux document peut être sanctionné uniquement par une amende.		
Si un faux est commis sur un document délivré par l'administration, la sanction est plus lourde.		

Les fonctions et caractères du droit

Synthèse

foucherconnect.fr/21ed108
Rédigée
Audio

1 L'objet du droit

Le droit est un ensemble de règles qui encadrent la vie des personnes en société pour assurer la sécurité des citoyens.

2 Les branches du droit et leurs juridictions

LE DROIT PUBLIC	– droit constitutionnel – droit administratif – droit des finances publiques
LE DROIT PRIVÉ	– droit civil – droit du travail – droit commercial
LE DROIT MIXTE	– droit pénal – droit fiscal – droit judiciaire privé

LES JURIDICTIONS CIVILES ET PÉNALES

Les juridictions civiles jugent les litiges à la suite d'un dommage causé
– Tribunal judiciaire
(fusion des tribunaux d'instance et de grande instance en 2020)

→ Sanction : dédommagement financier

Les juridictions pénales jugent les infractions à la loi
– Tribunal de police
– Tribunal correctionnel
– Cour d'assises

→ Sanctions : amende et/ou peine de prison

3 Les caractères de la règle de droit

LA RÈGLE DE DROIT EST

impersonnelle
Tout le monde est concerné

obligatoire
Son non-respect est sanctionné

générale
S'applique à tous sans exception

À vous de jouer !

1 Testez vos connaissances

#QCM interactif

foucherconnect.fr/21ed109

2 Le bon choix

Indiquez à quel type de juridiction appartiennent les tribunaux.

	Juridiction civile	Juridiction pénale
Tribunal correctionnel		
Cour d'assises		
Tribunal de police		
Tribunal judiciaire		

3 Le saviez-vous ?

L'alcool au volant

Depuis le 1er juillet 2015, le taux d'alcool autorisé est 0,2 g/L pour tous les permis probatoires.

La réglementation s'applique à tous les jeunes conducteurs pendant :
- **3 ans** après l'obtention du permis, après son annulation, ou après la perte de 12 points ;
- **2 ans** si le permis a été obtenu dans le cadre de la conduite accompagnée.

0,2 g/L, c'est zéro verre d'alcool car, dès le premier verre, ce seuil peut être dépassé.

Quelles sont les sanctions ?

Les jeunes conducteurs contrôlés avec un taux d'alcoolémie supérieur ou égal à 0,2 g/L encourent :
- un retrait de 6 points sur leur permis ;
- une amende forfaitaire de 135 € ;
- une immobilisation du véhicule.

Expliquez, à partir de vos propres connaissances et de recherches internet, pourquoi les jeunes conducteurs doivent respecter cette règle stricte.

5

Les sources du droit et la hiérarchie des normes

CAPACITÉ Situer un texte dans la hiérarchie des normes

SITUATION

Cédric prépare le repas. Sa sœur Marine revient de son cours à l'université.

1 Indiquez le sujet abordé par Marine et Cédric.

....

....

....

2 Précisez pourquoi une loi est nécessaire.

....

....

....

....

Vidéo +

Être viré pour avoir critiqué son patron sur Facebook, c'est légal 1'06''

foucherconnect.fr/21ed110

Expliquez pourquoi l'employeur peut, dans la situation présentée, licencier son salarié.

....

....

....

....

1 Les sources nationales du droit

DOC 1 Qu'est-ce qu'un État de droit ?

L'État, pas plus qu'un particulier, ne peut méconnaître le principe de légalité et le principe de soumission de l'administration au droit : toute norme, toute décision qui ne respecterait pas un principe supérieur serait en effet susceptible d'encourir une sanction juridique. L'État, qui a compétence pour édicter le droit, se trouve ainsi lui-même soumis à ces principes.

1 Reliez chaque principe de l'État de droit à sa signification.

Principes	Significations
Respect de la hiérarchie des normes	Tous les individus – personnes physiques et morales – sont égaux devant la loi.
Égalité des sujets de droit	La justice est rendue par des tribunaux indépendants les uns des autres et du pouvoir politique.
Indépendance de la justice	Le système juridique exige que chaque règle de droit respecte les règles de niveau supérieur.

DOC 2 Les sources directes et indirectes du droit

Les sources directes					
Bloc	**Constitutionnel**	**Législatif**		**Réglementaire**	
Source	**Constitution**	**Loi**	**Ordonnance**	**Décret**	**Arrêté**
Origine	Référendum du 28 septembre 1958 (le peuple)	Le Parlement (Assemblée nationale et Sénat)	Le gouvernement	Le président de la République ou le Premier ministre	Une autorité administrative : ministre, préfet, maire

Les sources indirectes		
Source	**La jurisprudence**	**Les us et coutumes**
Définition	Ensemble des décisions (arrêts et jugements) prises par les tribunaux (interprétation de la loi ou réponse à un vide juridique). Il s'agit de solutions à des problèmes de droit pratiques.	Usage qui est devenu suffisamment constant et régulier pour que les citoyens considèrent qu'il doit être obligatoirement suivi. *Exemple : le fait pour une femme mariée de prendre le nom de son mari.*

2 Indiquez, pour chaque situation, la source de droit correspondante.

La vente de muguet a lieu le 1er mai de chaque année. Toute personne a le droit d'en vendre ce jour-là.	....
Face au risque de pénurie d'eau, le préfet de Vendée a décidé d'interdire provisoirement l'usage de l'eau dans le département pour l'arrosage et les piscines.	....
L'Assemblée nationale et le Sénat ont adopté le 4 août 2014 la règle pour l'égalité réelle entre les femmes et les hommes.	....
En février 2019, le Premier ministre a décidé de modifier la règle relative aux examens médicaux obligatoires de l'enfant et au contrôle de la vaccination obligatoire.	....
Les connexions établies par un salarié sur des sites internet pendant son temps de travail, grâce à l'outil informatique mis à sa disposition, peuvent être contrôlées par son employeur, en son absence.	....
Dans la Charte de l'environnement, le peuple français proclame que chacun a le droit de vivre dans un environnement équilibré et respectueux de la santé.	....

2 Les sources européennes du droit

DOC 3 Le droit communautaire et ses sources

Le droit de l'Union européenne encadre un ensemble de domaines importants : les transactions économiques, la consommation, l'environnement, la politique sociale, la formation, les droits des citoyens...

C'est un système juridique propre, intégré aux systèmes juridiques des États membres. Il donne des droits aux particuliers qui peuvent être invoqués en justice, éventuellement à l'encontre d'une règle nationale ne respectant pas la règle communautaire (principe de primauté du droit communautaire).

Les sources du droit communautaire sont :
- les traités qui définissent les règles fondamentales sur lesquelles l'Union européenne fonde son action ;
- les règlements, directives, décisions qui découlent des principes et objectifs fixés dans les traités.

3 **Soulignez, dans le document 3, les domaines encadrés par le droit communautaire.**

4 **Expliquez ce qu'est le principe de primauté.**

DOC 4 L'Union européenne adopte un règlement sur les puits de carbone

Avec le traité de Lisbonne ratifié en 2009, la lutte contre le changement climatique acquiert un statut prioritaire. À l'issue de plusieurs années de débats, le règlement 2018/841, relatif à la prise en compte des émissions et des absorptions de gaz à effet de serre résultant de l'utilisation des terres, a été publié le 30 mai 2018. Il a pour objectif de stabiliser la quantité de CO_2 absorbée annuellement par les sols et les forêts de l'Union européenne.

5 **Indiquez le lien qui existe entre le traité de Lisbonne et le règlement sur les puits de carbone.**

DOC 5 Adoption de l'interdiction du plastique jetable en Europe

Les États membres du Conseil européen ont donné leur feu vert, le 21 mai dernier, aux nouvelles directives sur les produits plastiques jetables [...]

Après l'approbation officielle du nouveau règlement, le processus législatif est à présent achevé. La directive sur les articles plastiques jetables est basée sur la législation européenne en vigueur en matière de déchets et prévoit des réglementations plus strictes pour certains articles et emballages, afin d'endiguer la pollution des mers. L'utilisation de certains produits plastiques jetables, pour lesquels il existe des alternatives, sera interdite d'ici 2021, notamment les assiettes et couverts en plastique, ainsi que les pailles, les porte-ballons et les cotons-tiges en plastique. [...]

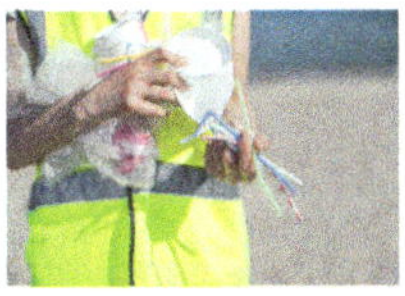

Les États membres de l'Union européenne disposent de deux ans pour mettre en application les interdictions et les obligations en matière d'étiquetage au sein de leur législation nationale.

c-mag.fr, 04.07.19

6 **Indiquez ce que prévoit la directive européenne sur les articles plastiques jetables.**

7 **Précisez le délai accordé aux États membres de l'Union européenne pour mettre en application la directive européenne.**

3 La hiérarchie des normes

DOC 6 Le principe de la hiérarchie des normes

La hiérarchie des normes est un principe fondamental qui organise et régit le droit français.

Ce système pyramidal implique que la norme de niveau inférieur respecte toutes les règles de niveau supérieur.

Le Conseil constitutionnel est chargé d'assurer le respect de la Constitution et de contrôler la hiérarchie des normes.

8 Expliquez pourquoi il est nécessaire de hiérarchiser l'ensemble des règles de droit.

....

....

....

9 Citez l'institution qui garantit ce principe.

....

....

DOC 7 La hiérarchie des textes nationaux, européens et internationaux

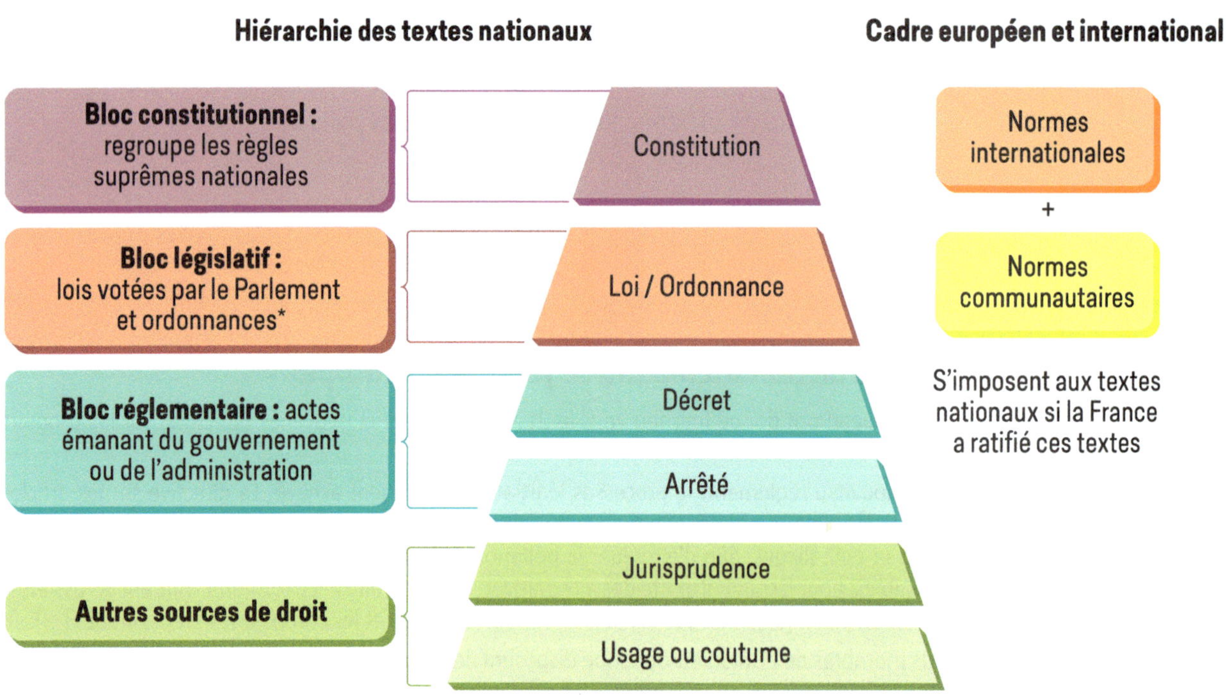

* Ordonnances : mesures prises par le gouvernement dans les domaines relevant normalement de la loi et donc du Parlement.

10 Indiquez si les affirmations suivantes sont justes.

	Vrai	Faux
Un **décret** doit respecter une loi		
Une **loi** doit respecter un arrêté		
Une **ordonnance** doit respecter la Constitution		
Un **arrêté** doit respecter les règles communautaires		
Une **loi** doit respecter un décret		

Les sources du droit et la hiérarchie des normes

Synthèse

foucherconnect.fr/21ed111
Rédigée
Audio

1 Les sources nationales du droit

L'État de droit est un système institutionnel dans lequel la puissance publique est soumise au droit. Ce système implique notamment le respect de la hiérarchie des normes.

SOURCES DIRECTES
- **Bloc constitutionnel** → Constitution du 4 octobre 1958
- **Bloc législatif** → Lois, Ordonnances
- **Bloc réglementaire** → Décrets, Arrêtés

SOURCES INDIRECTES
- Jurisprudence
- Usages ou coutumes

2 Les sources européennes du droit

DROIT COMMUNAUTAIRE
- Ensemble de règles qui s'appliquent à tous les pays membres de l'Union européenne

  Ex. : encadrement du commerce, de l'environnement, de la consommation
- **Traités** → Règlements, Directives, Décisions

3 La hiérarchie des normes

CADRE EUROPÉEN ET INTERNATIONAL — s'impose → **HIÉRARCHIE DES TEXTES NATIONAUX**

CADRE EUROPÉEN ET INTERNATIONAL :
- Normes internationales
- ↓ Normes communautaires

HIÉRARCHIE DES TEXTES NATIONAUX :
- Constitution → Loi/Ordonnance → Décret ↓ Arrêté → Jurisprudence → Usage ou coutume

À vous de jouer !

1 Testez vos connaissances

#QCM interactif

foucherconnect.fr/21ed112

2 Source qui peut !

Trouvez pour chaque situation la source de droit à l'origine de la décision.

L'Assemblée nationale a adopté un texte qui prévoit de prolonger l'état d'urgence. ....

Par décision du maire, le stationnement en centre-ville sera gratuit le samedi de 14 h à 18 h. ....

Un texte d'application de la loi Avenir professionnel renforce considérablement le contrôle des chômeurs. ....

3 Un peu de stats !

Acquisitions de la nationalité française par décret et par mariage de 2015 à 2019

	2015	2016	2017	2018	2019	Taux d'évolution 2019/2018
Par décret	61 564	68 067	65 654	55 830	49 671	
Par mariage	25 044	20 702	17 046	21 000	25 262	

www.immigration.interieur.gouv.fr

La nationalité française peut être obtenue par décret ou par mariage.

Comment calculer un taux d'évolution ?

La formule mathématique de ce **calcul** est très simple :

((Va – Vd) / Vd) * 100

Va = valeur d'arrivée (valeur de l'année N)

Vd = valeur de départ (valeur de l'année N–1)

Comparez l'évolution des acquisitions de la nationalité française par décret et par mariage entre 2018 et 2019.

....

....

Calculez le taux d'évolution 2019/2018.

– Par décret : ....

– Par mariage : ....

6

Le cadre juridique de l'activité économique et sociale

CAPACITÉ Identifier la source de droit applicable dans une situation donnée

SITUATION

C'est mercredi après-midi, Yohan et Chloé se retrouvent au jardin public dans leur quartier.

1 Citez les sujets abordés par Yohan et Chloé.

....

....

....

....

2 Précisez si Chloé conforte Yohan dans son choix d'orientation.

....

....

....

Vidéo +

Tri des déchets : les fast-foods rappelés à l'ordre 1'57''

foucherconnect.fr/21ed113

Indiquez si les fast-foods parisiens respectent la loi de 1986 relative au tri des déchets et ce qu'ils risquent s'ils la transgressent.

....

....

....

1 La préservation de l'environnement

DOC 1 Loi relative à la transition énergétique

La transition énergétique et les transports propres

La loi n° 2015-992 du 17 août 2015 relative à la transition énergétique pour la croissance verte (LTECV) vise à permettre à la France de contribuer plus efficacement à la lutte contre le dérèglement climatique et à la préservation de l'environnement. Elle incite notamment au développement des transports propres pour améliorer la qualité de l'air et protéger la santé.

Lors de l'achat d'une voiture particulière électrique neuve, un particulier peut bénéficier d'une aide financière versée par l'État (6 000 € maximum).

1 Soulignez, dans le document 1, les objectifs de la loi relative à la transition énergétique.

2 Indiquez comment l'État incite les particuliers à la mise en œuvre de la loi sur la transition énergétique.

....

....

....

DOC 2 Les ventes de voitures électriques

Les ventes de voitures électriques explosent en Europe

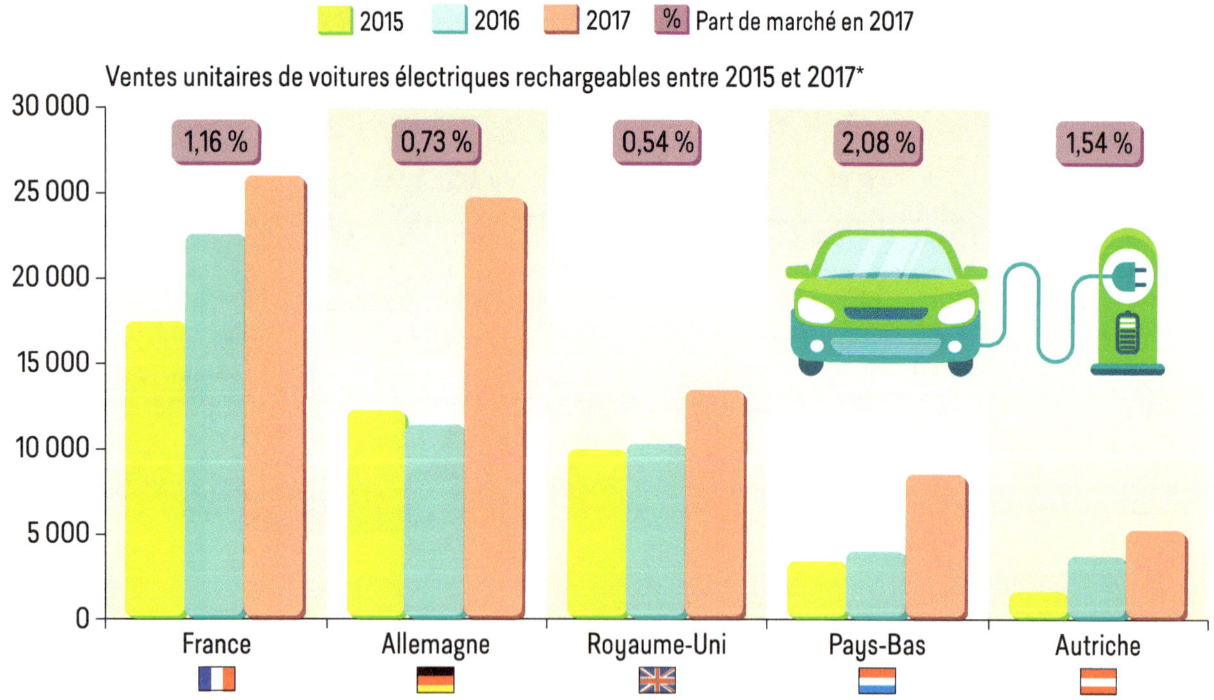

* Dans le Top 5 des pays de l'UE ayant enregistré le plus de ventes en 2017.

3 Calculez la progression des ventes en France entre 2015 et 2017.

....

....

4 Donnez la position de la France par rapport aux autres pays européens.

....

....

....

Synthèse

foucherconnect.fr/21ed114
Rédigée
Audio

1 La préservation de l'environnement

POUR PRÉSERVER L'ENVIRONNEMENT

Incitation
Aide financière de l'État

Loi pour la transition énergétique pour la croissance verte (LTECV)

Action → Développement des transports propres

Pour → Améliorer la qualité de l'air | Protéger la santé

2 La lutte contre le gaspillage

POUR LUTTER CONTRE LE GASPILLAGE

Sanction
si destruction des invendus alimentaires

Loi pour la lutte contre le gaspillage alimentaire

Action 1 → Inciter les supermarchés à prévenir le gaspillage alimentaire (par ex. par une meilleure gestion des stocks)

Action 2 → Obliger les supermarchés à donner ou transformer des produits alimentaires invendus (par ex. par des dons à des associations dans le respect des règles d'hygiène et de sécurité)

3 L'encadrement des déplacements

Les **nouveaux moyens de déplacement** manquent de cadre juridique → L'absence de cadre juridique met en **danger** les individus → **La loi** est nécessaire **pour encadrer** l'utilisation des nouveaux moyens de déplacement → Le **décret** n° 2019_1082 du 23 oct. 2019 **encadre désormais l'usage** des trottinettes

À vous de jouer !

1 Testez vos connaissances

#QCM interactif

foucherconnect.fr/21ed115

2 Un peu d'ordre !

Remettez les lettres des mots suivants dans l'ordre.

A	S	P	I	L	E	G	G	L	A	→										
C	I	N	T	T	O	N	I	A	I	→										
E	R	F	I	N	A	C	N	I	E	→										
T	O	P	R	E	C	T	N	I	O	→										
Q	L	E	C	T	U	E	I	R	E	→										

3 Pas gênés !

Relâchement sur la route

Seuls 72 % assurent trier régulièrement sur les aires d'autoroute. « Autant les Français semblent avoir adopté les gestes du tri au quotidien, autant ils se relâchent quand ils sont sur la route, déplore Bernadette Moreau. Par paresse, certains jettent dans un sac plastique leurs canettes et leurs résidus de sandwich puis les déposent dans les grands conteneurs jaunes de tri installés sur nos aires. On se retrouve du coup avec 50 % des déchets qui ne pourront pas aller dans la filière de recyclage. »

Mais comme souvent, les Français se trouvent de bonnes excuses à leur incivisme. 83 % de ceux qui abandonnent leurs déchets au bord de la route disent le faire parce qu'il n'y a pas de poubelles à proximité ou qu'elles sont pleines. Et 40 % avouent ne pas avoir envie d'emporter leurs restes avec eux dans la voiture pour les jeter plus tard. Pas étonnant qu'un tiers des Français jugent les aires d'autoroutes sales. L'an dernier, pas moins de 9 000 tonnes de déchets ont été collectées sur l'ensemble du réseau autoroutier hexagonal. Soit une tonne de déchets par kilomètre !

Frédéric Mouchon, *Le Parisien*, 01.08.2018

Précisez ce que vous pensez du comportement de certains Français.

Méthode 3

Comprendre un texte juridique

Interdiction de vapoter au travail

L'interdiction de fumer la cigarette électronique sur les lieux de travail est abordée dans le décret n° 2017-633 du 25 avril 2017 relatif aux conditions d'application de l'interdiction de vapoter dans certains lieux à usage collectif.

Les obligations de l'employeur

L'employeur [...] doit prendre des mesures pour préserver la santé de son personnel conformément aux dispositions des articles L4121-1 du Code du travail. Il doit veiller à ce que ses salariés ne soient pas exposés au tabagisme passif au travail et, de ce fait, communiquer à son personnel par affichage obligatoire l'interdiction de fumer sur les lieux. Aux textes de loi sur la lutte contre le tabagisme vient également s'ajouter l'article L3511-7-1 du Code de la santé publique qui interdit également de vapoter dans les bureaux et locaux de l'entreprise. De ce fait, au même titre que l'interdiction de fumer au travail, l'employeur devra mettre en place une signalisation indiquant à ses employés qu'il est strictement interdit de vapoter dans les locaux de l'entreprise.

Les sanctions

Le non-respect de l'affichage obligatoire de l'interdiction de vapoter dans l'entreprise par l'employeur constitue un défaut d'affichage et est puni par le paiement d'une [...] amende de 450 euros. Le non-respect de l'interdiction quant à lui est puni par une amende de 150 euros.

www.affichage-obligatoire.net, 2019

....

Idée principale :

....

....

Idée secondaire :

....

....

....

....

....

....

Idée secondaire :

....

....

....

....

....

Compléter les pointillés en suivant la **méthode 3**.

Méthode 3

1. Identifier la nature du document et son origine ainsi que la référence juridique du texte (le sujet juridique traité, le nom, le code, la source, la date de publication, l'auteur).
2. Repérer et comprendre la structure du texte (le plan du texte).
3. Identifier l'idée principale et les idées secondaires du texte avec leur argumentation.
4. Repérer les mots-clés en les soulignant et les textes juridiques sur lesquels s'appuie l'argumentation en les surlignant.

Méthode 4

Comprendre des consignes

Exemples de consignes

A À l'aide des documents joints, vous présenterez l'évolution de la réglementation sur la limitation de vitesse en France, depuis 2005.

Décrire – Indiquer
Analyser – Préciser.

B En vous appuyant sur les données statistiques, montrez que le nombre de lois est élevé en France par rapport aux autres pays.

....
....

C Identifiez les sources du droit applicables à la circulation des travailleurs au sein de l'Union européenne.

....
....

D Vous définirez les notions de Constitution, lois, décrets et règlements.

....
....

E Après avoir effectué des recherches sur Internet, vous classerez les dix premières villes françaises selon le nombre de familles monoparentales.

....
....

F Représentez le circuit économique simplifié avec les flux réels et monétaires.

....
....

Appliquer la **méthode 4** aux consignes B, C, D, E et F selon l'exemple A et compléter les pointillés.

Vocabulaire

Consigne : instruction donnée pour effectuer un travail, énoncé indiquant une tâche à accomplir ou un but à atteindre.

Méthode 4

1. Surligner les verbes d'action exprimant une consigne.
2. Rechercher, si nécessaire, le sens des verbes exprimant la consigne.
3. Proposer des synonymes pour chaque verbe d'action.
4. Repérer les autres composantes d'une consigne : encadrer ce sur quoi porte l'action, souligner les ressources à utiliser.

7 Les parties et l'objet d'un contrat

CAPACITÉ Identifier les parties et l'objet d'un contrat

SITUATION

Trois amies se retrouvent devant une brasserie parisienne. Alexia et Thessia se proposent de réserver une table, pendant qu'Élisabeth se rend rapidement dans l'agence de voyages Air Caraïbes située à proximité. Elle doit payer leurs billets d'avion, réservés il y a quelques jours à l'agence, pour leur voyage à destination de Santiago de Cuba.

1 Précisez à quoi se sont engagées Élisabeth, Alexia et Thessia.

....

....

....

....

2 Indiquez quelles formes prennent ces engagements.

....

....

....

....

Vidéo +

Attention aux contrats dématérialisés
2'13''

foucherconnect.fr/21ed010

Expliquez la particularité de l'engagement lorsqu'un contrat est dématérialisé.

....

....

....

....

....

1 La formation des contrats

DOC 1 Notion juridique

Art. 1101 du Code civil : Le contrat est un **accord de volontés** entre deux ou plusieurs personnes, destiné à créer, modifier, transmettre ou éteindre des obligations.

www.legifrance.gouv.fr, © DILA

DOC 2 Vous pouvez être engagé par un simple accord verbal

Dans la majorité des cas de la vie quotidienne, la loi ne rend pas obligatoire un écrit pour être engagé. Un contrat est considéré comme existant dès lors que les parties concernées ont donné leur accord, y compris verbalement. *Par exemple, vous ne signez rien en vous rendant à la boulangerie pour acheter votre baguette de pain. Pour autant vous venez de conclure un achat. Il en est de même quand vous vous rendez chez votre coiffeur... Vous vous engagez à payer la prestation de services qui vous sera fournie.*

Un écrit est en revanche très utile lorsqu'il s'agit d'apporter une preuve en cas de conflit entre les parties, mais aussi lorsque l'objet du contrat concerne des biens ou services spécifiques... *Par exemple, la loi impose un écrit pour valider l'accord des parties dans une transaction immobilière.*

www.quechoisir-montpellier.org

1 **Expliquez ce qu'est un contrat.**

2 **Citez les deux principales formes que peut prendre un contrat.**

DOC 3 La liberté contractuelle

Art. 1102 du Code civil : Chacun est libre de contracter ou de ne pas contracter, de choisir son cocontractant et de déterminer le contenu et la forme du contrat dans les limites fixées par la loi. La liberté contractuelle ne permet pas de déroger aux règles qui intéressent l'ordre public.

www.legifrance.gouv.fr, © DILA

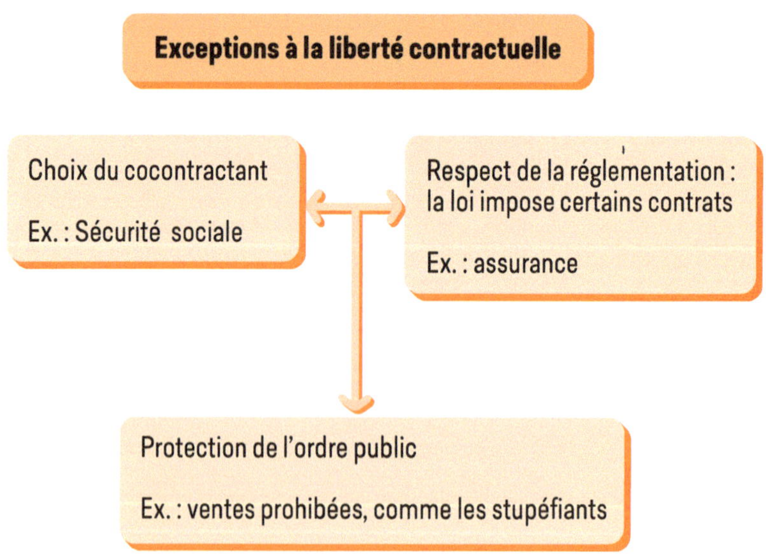

3 **Précisez ce qui caractérise la liberté contractuelle.**

4 **Listez les limites au principe de liberté contractuelle.**

2 La validité des contrats

DOC 4 Conditions de validité

Art. 1128 du Code civil

Sont nécessaires à la validité d'un contrat :

- Le consentement des parties
- La capacité de contracter
- Un contenu licite et certain

Art. 1145 du Code civil : toute personne physique peut contracter sauf en cas d'incapacité prévue par la loi.

Art. 1146 du Code civil : sont incapables de contracter dans la mesure définie par la loi : les mineurs non émancipés et les majeurs protégés*.

Art. 1162 du Code civil : le contrat ne peut déroger à l'ordre public.

Art. 1130 du Code civil : l'erreur, le dol et la violence vicient le consentement.

Art. 1178 du Code civil : un contrat qui ne remplit pas les conditions requises pour sa validité est nul. Le contrat annulé est censé n'avoir jamais existé.

* Exemple : un adulte sous tutelle.

Les vices de consentement

Manœuvres volontaires de l'un des contractants pour obtenir l'accord de l'autre partie au contrat.

L'erreur si elle porte sur une des qualités essentielles de la prestation.
Le dol lorsqu'un contractant tente d'obtenir le consentement de l'autre par des manœuvres ou des mensonges.
La violence lorsqu'une partie s'engage sous la pression manifeste du contractant.

5 Listez les conditions de validité d'un contrat.

....

....

....

6 Citez les vices de consentement.

....

....

7 Précisez ce qui se passe en cas de vice de consentement.

....

....

8 Expliquez, pour chaque situation, la condition de validité non respectée et apportez une justification.

Situations	Condition de validité non respectée	Justification
Samia, 14 ans, se rend chez un concessionnaire pour acheter un scooter.		
Doris, 92 ans, vient d'acheter un ordinateur dernière génération à M. Merlu qui l'a menacée pour obtenir une vente.		
Jocelyn vend du cannabis à ses amis du lycée pour se faire de l'argent de poche.		
Patrick a décidé de vendre sa voiture sur Leboncoin. Pour la vendre plus cher, il trafique le compteur et ne le dit pas à l'acheteur.		

3 Les éléments constitutifs d'un contrat

DOC 5 Dans le cas d'un écrit

Le contrat écrit doit préciser les éléments suivants :

- Le titre du contrat (type)
- La désignation des parties
- L'objet du contrat
- Les droits et obligations des parties
- La durée, les délais
- Le tribunal compétent en cas de litige
- La date, le lieu, le nombre d'exemplaires
- La signature des parties

Contrat de maintenance informatique

Entre la SARL MAINTINFO, 28 bd Victor Hugo 06000 Nice, le prestataire

Et

La société BRADAZUR 5 rue Barla 06000 Nice, le client

Il a été convenu ce qui suit :

Objet du contrat – Le présent contrat a pour objet l'entretien, le dépannage des matériels et services décrits dans l'Annexe A. Le prestataire assurera trois interventions préventives dans l'année, les dates étant fixées de concert avec le client et les interventions au coup par coup, sur demande du client.

Obligations du client – Le client s'engage à respecter les conditions normales d'utilisation du matériel et à suivre les instructions du prestataire.

Limite de responsabilité – Le prestataire sera dégagé de toute responsabilité en cas d'inobservation par le client d'une des clauses du contrat.

Durée du contrat – Le présent contrat est conclu pour une durée d'un an à compter du 1er mars 2019.

Prix et règlement – Le montant HT de la maintenance, fixé dans l'annexe A, est facturé lors de la visite des techniciens du prestataire. Les factures sont payables à réception, net, comptant. En l'absence de règlement, ou de trois retards de paiement répétés, le prestataire se réserve le droit de dénoncer le présent contrat.

Attribution de juridiction – Pour tout litige, l'attribution de juridiction est faite au tribunal de commerce de Nice.

Fait en deux exemplaires, à Nice, le 15 février 2019.

Pour Sarl MAINTINFO	Pour la Société BRADAZUR
Lu et approuvé	Lu et approuvé
SARL MAINTINFO	Bradazur

9 Surlignez dans le texte les éléments essentiels qui doivent figurer sur un contrat.

10 Précisez si ce contrat respecte les règles de rédaction et justifiez votre réponse.

....

....

....

11 Vérifiez si les conditions de validité de ce contrat sont respectées.

....

....

....

....

....

Les parties et l'objet d'un contrat

Synthèse

foucherconnect.fr/21ed116
Rédigée
Audio

1 La formation des contrats

CONTRAT — **Accord de volontés** entre deux ou plusieurs personnes physiques ou morales — Accord matérialisé par un **écrit**, ou seulement **verbal**

LA LIBERTÉ CONTRACTUELLE
- **Liberté de contracter ou non**
- **Liberté de choisir son cocontractant**
- **Liberté de négocier le contenu et la forme du contrat**

Exceptions :
– Respect de la loi
– Protection de l'ordre public
– Choix du cocontractant

2 La validité des contrats

TROIS CONDITIONS DE VALIDITÉ D'UN CONTRAT

- **Consentement** des parties → **Vices de consentement :** erreur, dol et violence
- **Capacité** à contracter → Sont **incapables** de contracter les mineurs non émancipés et les majeurs protégés
- **Contenu** licite et certain → Le contenu ne peut être contraire à **la loi et à l'ordre public**

Non-respect d'une condition → Nullité du contrat

3 Les éléments constitutifs d'un contrat

Contenu d'un contrat écrit
– Le titre du contrat (type)
– La désignation des parties
– L'objet du contrat
– Les droits et obligations des parties
– La durée, les délais
– Le tribunal compétent en cas de litige
– La date, le lieu, le nombre d'exemplaires
– La signature des parties

À vous de jouer !

1 Testez vos connaissances

#QCM interactif foucherconnect.fr/21ed117

2 À chacun son contrat

Pour chaque situation, déterminez le type de contrat.

M. Delors loue une maison à l'agence Century 21.	Laure sort de chez sa coiffeuse, elle est ravie de sa nouvelle coupe.	Jennifer vient d'être recrutée en CDI.
....	....	....

Jocelyn, jeune conducteur, assure sa voiture chez GAN.	Lise et Martin ont obtenu leur prêt pour acheter une maison.	Yacine a acheté une boutique plus grande.
....	....	....

3 La bonne définition

Reliez chaque mot à la définition qui lui correspond.

Consentement •	• Absence d'une des conditions de validité du contrat
Obligations •	• Consentement obtenu par des manœuvres ou des mensonges
Liberté contractuelle •	• Engagements des parties
Dol •	• Être considéré comme capable et majeur donc avoir le droit de signer des contrats
Capacité à contracter •	• Accord de volontés
Nullité du contrat •	• Fait de pouvoir choisir de s'engager ou non, de choisir avec qui on s'engage et de déterminer le contenu et la forme du contrat

8

Les droits et les obligations de chacune des parties au contrat

CAPACITÉ Décrire les droits et obligations de chacune des parties au contrat

SITUATION

Sarah vient d'obtenir son BTS, elle souhaite s'installer. Elle recherche un appartement. Après avoir consulté de nombreuses annonces et réalisé quelques visites, elle a enfin signé son contrat de location.

1 Précisez la nature du contrat signé par Sarah.

....

....

2 Indiquez l'obligation principale qui en découle pour Sarah et pour le propriétaire.

....

....

....

....

....

Vidéo +

Voyage en avion : que faire en cas de surbooking ou surréservation 2'08''

foucherconnect.fr/21ed011

Listez les obligations de la compagnie aérienne en cas de surbooking.

....

....

....

....

....

....

1 La notion d'obligation contractuelle

DOC 1 Principe juridique d'obligation contractuelle

L'obligation contractuelle est un engagement pris lors de la conclusion d'un contrat (formel ou pas) par une personne envers une ou plusieurs autres personnes, en vertu duquel elle est tenue de donner, de faire ou de ne pas faire quelque chose.

1 Repérez, pour chaque situation, l'obligation contractuelle ainsi que les obligations réciproques des parties.

Situations	Obligations contractuelles	Obligations des parties
Sophie se rend chez la coiffeuse pour une coupe de cheveux.		
Julie achète deux billets de concert à la Fnac.		
Yacine signe une clause de non-concurrence* dans son contrat de travail.		
Thomas achète une voiture à son copain Jérôme.		

* La clause de non-concurrence est une clause insérée dans le contrat de travail. Elle vise à limiter la liberté d'un salarié d'exercer, après la rupture de son contrat, des fonctions équivalentes chez un concurrent.

DOC 2 La nature des obligations contractuelles

Il existe deux types d'obligations contractuelles

Obligation de moyens
Une personne s'engage à mettre en œuvre tous les moyens pour parvenir à un résultat mais elle n'est pas obligée d'obtenir ce résultat.

Ex. : un médecin qui soigne son patient

Obligation de résultat
Une personne s'engage à un résultat précis, déterminé à l'avance, sous peine de sanction en cas de non réalisation du résultat attendu.

Ex. : un livreur qui effectue sa livraison

2 Indiquez la nature de l'obligation dans chaque situation.

M. Fradin, garagiste, s'est engagé à réparer le système de freinage de la voiture de Mme Constance.

Mme Roche, vétérinaire, s'engage à soigner Poppy le chien de Déborah qui a eu un accident.

2 Les effets du contrat envers les parties

DOC 3 L'engagement formel et réciproque

Article 1103 du Code civil : Les contrats légalement formés tiennent lieu de loi à ceux qui les ont faits.

La force obligatoire **contraint les parties** à respecter leurs engagements d'elles-mêmes. Elles ne peuvent pas se rétracter unilatéralement (aucune partie ne peut changer le contrat sans l'accord de l'autre). Si une partie se sent lésée, elle doit saisir un juge.

Article 1104 du Code civil : Le contrat doit être exécuté de bonne foi. L'exécution de bonne foi signifie qu'aucune tromperie ne peut entacher l'exécution.

3 **Précisez pourquoi les parties ne peuvent pas revenir sur leurs engagements de manière unilatérale.**

 Mme Désiré a loué un studio meublé. Elle souhaiterait désormais le louer vide.	 M. Contion a signé un contrat de vente portant sur l'achat d'une Renault Zoe. Le délai de livraison étant trop long, il envisage de saisir la justice pour modifier la clause liée à la livraison.
....	....

DOC 4 L'effet relatif des contrats

Art. 1199 du Code civil : Le contrat ne crée d'obligations qu'entre les parties mais pas à l'égard des tiers. Seuls ceux qui ont signé le contrat ont l'obligation de l'exécuter : c'est l'effet relatif du contrat.

Certaines personnes peuvent acquérir le statut de partie ultérieurement. C'est le cas des héritiers (sauf pour les contrats *intuitu personae,* c'est-à-dire que le contrat est conclu en considération de la personne avec laquelle il a été passé).

4 **Expliquez l'effet relatif du contrat.**

....

....

5 **M. Fort vient de décéder. Ses enfants ont hérité de tous ses biens, il était propriétaire d'une maison qu'il louait.**
Précisez ce qui se passe pour les enfants à l'issue de l'héritage et concernant le contrat de location.

....

....

....

6 **Mme Dessimond a engagé un artiste-peintre pour réaliser une fresque sur un mur de sa maison. Cet artiste-peintre décède avant sa finition. Les enfants de celui-ci ont accepté la succession.**
Expliquez pourquoi les enfants de cet artiste-peintre ne sont pas tenus d'honorer le contrat.

....

....

....

3 Les conditions générales de vente

DOC 5 À quoi correspondent les conditions générales de vente (CGV) ?

Les conditions générales de vente (CGV) correspondent à un **ensemble de clauses** qui visent à encadrer **les relations contractuelles** entre un vendeur professionnel et un client. Les CGV permettent d'**informer le client** sur les conditions de vente avant toute transaction.

Les CGV, faisant partie intégrante du contrat, sont des clauses standardisées car elles ont vocation à s'appliquer à l'ensemble de la clientèle.

Le client doit donc en prendre connaissance **avant la conclusion de la transaction**. La communication doit se faire de manière lisible et compréhensible.

www.legalplace.fr

7 Expliquez l'utilité des conditions générales de vente.

....

....

DOC 6 Les conditions générales de vente IKEA en magasin (extraits)

Les présentes conditions générales de vente régissent les droits et obligations de l'acheteur, « le client », et du vendeur « IKEA » ou « nous », pour tous les achats effectués au sein d'un magasin IKEA, hors vente à distance. Le client déclare accepter sans réserve les présentes conditions générales de vente.

1. VOTRE ACHAT :

Chez IKEA, nos produits peuvent pour la plupart être emportés le jour même, une fois le produit intégralement payé.

6. RISQUE DU TRANSPORT :

[...] IKEA s'engage à supporter les risques du stockage et du transport jusqu'au lieu de livraison désigné sur le bon de commande par le client ou auprès d'un point retrait. Vous êtes responsable des marchandises déposées entre vos mains dès leur remise matérielle. [...]

8. VOTRE DROIT AU CHANGEMENT D'AVIS :

Vous pouvez rapporter, dans le magasin de votre choix, pendant 365 jours vos articles non utilisés.

Vous pouvez rapporter sous 14 jours à compter de la date d'achat (ou de livraison) votre article ayant été assemblé et/ou utilisé. IKEA vous remboursera en émettant une carte Avoir sur présentation du ticket de caisse ou de la facture.

8 Citez les parties concernées par ces conditions de vente.

....

....

9 Expliquez pourquoi le client ne peut pas négocier ces conditions.

....

....

10 Indiquez qui est responsable en cas de dégradation du produit pendant le transport.

....

....

11 Précisez sous quelles conditions le client a le droit de changer d'avis.

....

....

Les droits et les obligations de chacune des parties au contrat

Synthèse

foucherconnect.fr/21ed118
Rédigée
Audio

1 La notion d'obligation contractuelle

Obligation contractuelle : engagement des contractants lors d'un contrat. Celui-ci oblige les contractant à donner, à faire ou à ne pas faire.

LES OBLIGATIONS SONT DE DEUX TYPES

- Obligation de **moyens** : Une personne s'engage à mettre en œuvre tous les moyens pour parvenir à un résultat, mais elle n'est pas obligée d'obtenir ce résultat.
- Obligation de **résultat** : Une personne s'engage à un résultat précis, déterminé à l'avance, sous peine de sanction en cas de non-réalisation de ce résultat.

2 Les effets du contrat envers les parties

L'engagement formel et réciproque

- Les contrats légalement formés tiennent lieu **de loi**.
- La signature d'un contrat **engage les parties**.
- Aucune partie ne peut changer le contrat sans l'accord de l'autre.
- Le contrat doit être exécuté de **bonne foi** : aucune tromperie.

L'effet relatif des contrats

Seuls ceux qui ont signé le contrat ont l'obligation de l'exécuter.

Certaines personnes peuvent obtenir le statut de partie ultérieurement et donc être obligées d'exécuter le contrat.

Ex. : les héritiers, sauf pour les contrats conclus en fonction de la personne.

3 Les conditions générales de vente

CGV Conditions Générales de Vente

LES CONDITIONS GÉNÉRALES DE VENTE

- C'est un **ensemble de clauses qui précisent les relations contractuelles**.
- Ces clauses sont **standardisées à l'ensemble de la clientèle**.
- Elles permettent d'**informer le client** sur les conditions de vente.
- Le client doit en prendre connaissance **avant la conclusion de la vente**.

À vous de jouer !

1 Testez vos connaissances

#QCM interactif

foucherconnect.fr/21ed119

2 Trouver l'intrus

Clients	Rémunération	Engagement	Obligation de résultat	Contrat

3 Obligation de moyens ou de résultat ?

Mme Alice a signé un contrat d'entretien annuel de sa chaudière avec un nouveau chauffagiste.

Le moment est arrivé pour le chauffagiste de venir faire l'entretien annuel de sa chaudière.

À la mise en service, la chaudière a commencé à fumer et des composants ont brûlé.

Ce chauffagiste va revenir à deux reprises, il a fait acheter un nouveau matériel à Mme Alice.

À la remise en service, le problème s'est reproduit !

Mme Alice, ne faisant plus confiance à ce chauffagiste, fait venir une seconde entreprise qui lui explique que le problème provient d'un mauvais réglage dès le départ !

Identifiez les parties engagées par ce contrat.

....

Précisez à quoi s'engagent :

– Mme Alice : ....

– le chauffagiste : ....

Indiquez la nature de l'obligation du chauffagiste.

....

....

....

Expliquez ce que peut faire Mme Alice dans le cas présent.

....

....

....

9 La responsabilité civile contractuelle

CAPACITÉ Reconnaître les conditions de mise en œuvre de la responsabilité civile contractuelle

SITUATION

Ludovic et Isma Germain viennent de commander leur nouvelle voiture car l'ancienne est devenue trop petite avec l'arrivée de leur troisième enfant.
Ils sont heureux de pouvoir la réceptionner avant leur départ en vacances.

1 Listez les obligations nées de la signature du contrat entre le concessionnaire et la famille Germain.

....

....

....

2 Expliquez pourquoi la famille Germain n'est pas satisfaite.

....

....

....

....

....

Vidéo +

Qu'est-ce que l'obligation de garde des hôteliers
1'54''

foucherconnect.fr/21ed012

Précisez les situations dans lesquelles la responsabilité de l'hôtelier est engagée.

....

....

....

....

....

....

1 La responsabilité civile contractuelle

DOC 1 Notions

La **responsabilité civile** est l'obligation faite à une personne de réparer le dommage causé à autrui.

La responsabilité civile contractuelle : la responsabilité est engagée quand une personne n'a pas totalement ou partiellement exécuté les obligations nées d'un contrat ou si elle l'a exécuté avec du retard.

Trois conditions sont nécessaires pour engager la responsabilité civile et contractuelle d'une personne :
– l'existence d'un dommage ou d'un préjudice matériel, moral ou corporel ;
– l'existence d'une faute, qu'elle soit volontaire ou non : inexécution totale ou partielle de l'obligation prévue au contrat ou retard d'exécution ;
– l'existence d'un lien de causalité entre la faute et le dommage (lien de cause à effet).

1 Expliquez la notion de responsabilité civile contractuelle.

....

....

....

....

2 Surlignez les trois composantes nécessaires à la mise en œuvre de la responsabilité contractuelle.

3 Complétez les schémas permettant de vérifier que les trois composantes sont bien réunies.

• Mme Rose dépose un tailleur au pressing. Yacine, le salarié, se trompe de programme en mettant le tailleur à laver. Lorsque Mme Rose vient chercher son tailleur, elle s'aperçoit que celui-ci a rétréci.

• M. Patrick a été engagé comme photographe pour le mariage des Montégut mais il a perdu les fichiers. Les jeunes mariés n'ont aucune photo de cette journée d'exception car M. Patrick avait l'exclusivité de la prise de photos.

2 L'inexécution du contrat

DOC 2 L'inexécution des obligations nées du contrat et ses conséquences

Retard d'exécution : les obligations sont exécutées mais en retard par rapport aux stipulations du contrat.

Inexécution des obligations nées du contrat

Inexécution totale ou partielle : les obligations ne sont pas respectées ou en partie seulement.

Conséquences de l'inexécution

Exécution forcée en nature
Contrainte de donner, de faire ou de ne pas faire.

Ex. : saisir un bien, expulser un locataire, accorder une réduction de prix.

Exécution par compensation
Paiement de dommages et intérêts :
- moratoires en cas de retard d'exécution ;
- compensatoires en cas d'inexécution totale ou partielle.

Ex. : somme compensant l'annulation d'un spectacle.

4 **Citez les conséquences d'une inexécution contractuelle.**

....

....

5 **Indiquez pour chaque situation les conséquences de l'inexécution contractuelle.**

Situation	Obligation inexécutée	Conséquences envisageables de l'inexécution
Lou commande une montre pour l'anniversaire de son amie. La montre est livrée après l'anniversaire. Elle n'avait pas de cadeau à lui offrir.		
Boris n'a pas fait réaliser l'entretien de la chaudière du studio qu'il loue depuis plus d'un an. C'est une obligation annuelle notée dans son contrat de location.		

DOC 3 Les clauses d'exonération de la responsabilité civile contractuelle

Une clause d'exonération de responsabilité permet de supprimer ou de limiter l'obligation de réparer le dommage.

Force majeure
Il s'agit d'un événement imprévisible et extérieur à la personne.
Ex. : tempête.

Faute de la victime
La victime peut avoir commis une faute qui a contribué à la réalisation du dommage.
Ex. : utilisation d'un récipient métallique dans un micro-ondes.

Fait d'un tiers
Acte à caractère imprévisible et extérieur émanant d'une autre personne.
Ex. : manque d'information d'un laboratoire.

6 **Précisez et expliquez si la responsabilité du pâtissier est engagée.**

Joris prépare son mariage. M. Bonpain, pâtissier, a été engagé pour réaliser la pièce montée. Le jour J, M. Bonpain ne livre pas la pièce montée. Il invoque comme raison qu'un feu s'est déclenché dans sa pâtisserie.

....

....

....

3 La rupture du contrat

Lorsqu'une des parties au contrat ne respecte pas ses obligations contractuelles, l'autre partie peut saisir le juge afin d'obtenir la résolution ou la résiliation du contrat.

Résolution	Résiliation
Il est mis un terme au contrat, généralement de façon rétroactive et par le juge, sans qu'il ait produit ses effets. Les parties doivent revenir à la situation qui existait avant le contrat. Ex. : le contrat de vente.	On met fin à un contrat qui a produit des effets. Ses effets pour l'avenir sont supprimés. Ex. : contrat de travail.

7 **Expliquez la principale différence entre résiliation et résolution du contrat.**

....

....

....

8 **Indiquez et expliquez pour chaque cas la forme de rupture de contrat.**

Cas n° 1 : Christine déménage pour s'installer avec son ami et met fin à son contrat d'assurance habitation.	Cas n° 2 : Laurent met fin à son abonnement internet parce que le service n'a jamais fonctionné.	Cas n° 3 : Patricia met fin à son abonnement de téléphonie mobile pour souscrire à une offre plus performante.

Cas n° 1 : ....

....

....

....

....

....

Cas n° 2 : ....

....

....

....

....

....

Cas n° 3 : ....

....

....

....

....

La responsabilité civile contractuelle

Synthèse

foucherconnect.fr/21ed120
Rédigée
Audio

1 La responsabilité civile contractuelle

RESPONSABILITÉ CIVILE : reconnaissance juridique de la responsabilité d'une personne qui l'obligera à réparer le dommage causé à autrui.

Responsabilité civile contractuelle : la responsabilité est engagée quand une personne n'a pas exécuté un contrat (totalement ou partiellement) ou qu'elle l'a exécuté avec retard.

Les conditions de mise en œuvre de la responsabilité contractuelle :

Une faute : inexécution totale ou partielle de l'obligation émanant d'un contrat ou retard d'exécution.

⟷ lien de causalité ⟷

Un dommage ou préjudice corporel, moral ou matériel.

2 L'inexécution du contrat

OBLIGATIONS NÉES DU CONTRAT		CONSÉQUENCES	
Retard d'exécution Les obligations sont exécutées mais en retard par rapport aux stipulations du contrat.	**Inexécution totale ou partielle** Les obligations ne sont pas respectées ou en partie seulement.	**Exécution forcée en nature** Contrainte de donner, de faire ou de ne pas faire.	**Exécution par compensation** Paiement de dommages et intérêts moratoires ou compensatoires.

LES CAUSES D'EXONÉRATION DE LA RESPONSABILITÉ CIVILE CONTRACTUELLE		
Force majeure Événement imprévisible et extérieur à la personne. Ex. : tremblement de terre.	**Faute de la victime** La victime a commis une faute qui contribue à son propre dommage. Ex. : mauvaise utilisation d'un appareil.	**Fait d'un tiers** Acte imprévisible et extérieur émanant d'une autre personne. Ex. : manque d'information de la part d'un vendeur spécialisé.

3 La rupture du contrat

FORMES DE RUPTURE DU CONTRAT

Résiliation
Fin du contrat qui a produit des effets. Ses effets pour l'avenir sont supprimés.

Résolution
Fin du contrat de façon rétroactive sans qu'il ait produit ses effets.

À vous de jouer !

1 Testez vos connaissances

#QCM interactif

foucherconnect.fr/21ed121

2 Mots croisés

Complétez la grille à l'aide des définitions

Ⓐ Partie au contrat
Ⓑ Fait de ne pas remplir l'obligation à laquelle on est tenu
Ⓒ Dommage portant sur des biens
Ⓓ Lien de cause à effet
❶ Préjudice porté à un individu
❷ Anéantissement du contrat
❸ Décharger quelqu'un d'une obligation
❹ Acte qui cause un dommage à autrui
❺ Obligation faite à une personne de réparer le dommage

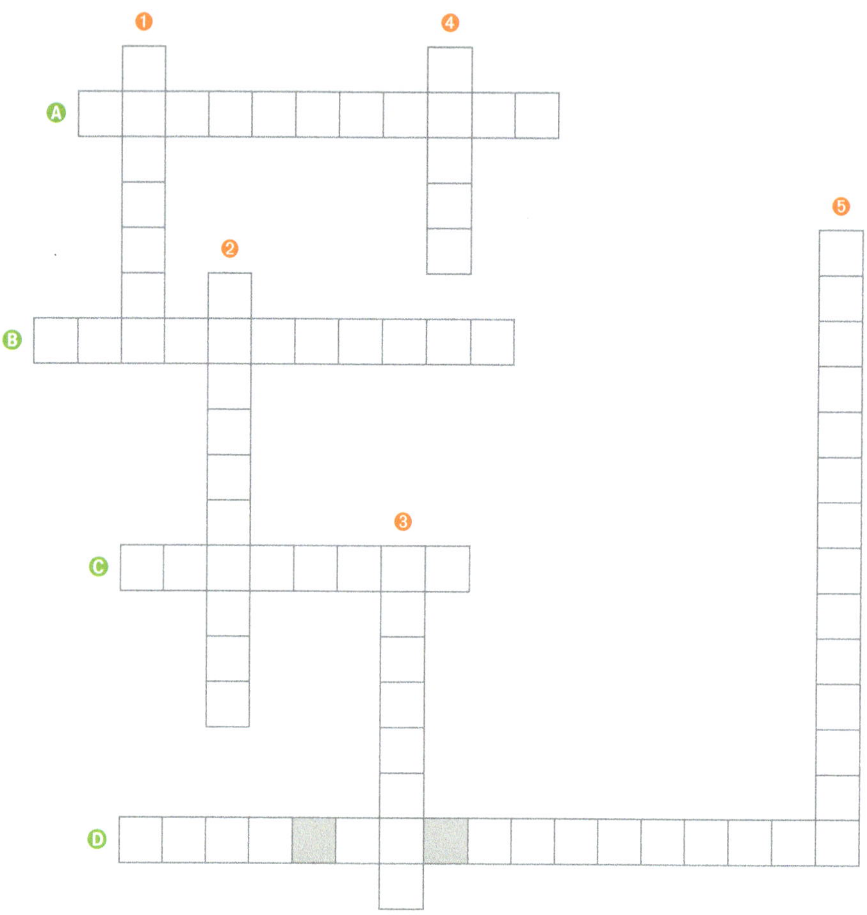

3 Analyse d'un document

Louise demande à son garagiste de réparer ses plaquettes de frein car elle doit partir en week-end avec une copine.

À peine sortie du garage, elle heurte un autre véhicule et cause un accident.

Elle n'a pas pu freiner car son système de freinage est défaillant.

Identifiez les parties.

....

Relevez les obligations du contrat.

....

....

Déterminez la nature de l'inexécution de l'obligation du contrat.

....

Précisez ce qu'encourt le garagiste pour l'inexécution de son obligation.

....

Méthode 5

Reformuler des idées clés

Achat à distance : conclusion du contrat

Les achats réalisés par voie électronique (Internet, courriel, SMS, MMS...) sont soumis à des règles particulières. [...]

Lorsque vous faites une commande sur Internet, le vendeur doit vous rappeler : les caractéristiques essentielles des biens et services commandés, leur prix, la durée du contrat et votre durée d'engagement.

Il doit aussi vous préciser : les différentes étapes à suivre pour conclure la commande, les moyens techniques qui vous permettent d'identifier vos erreurs dans la saisie des données et de les corriger, les langues proposées pour la conclusion du contrat. [...]

Pour que la commande soit valablement conclue, vous devez avoir pu, avant de la confirmer, en vérifier le détail, son prix total et corriger d'éventuelles erreurs.

Votre consentement se matérialise par un « double clic » (2 clics de souris) : le premier permet de valider la commande et le second permet de confirmer définitivement votre commande après l'avoir vérifiée et, au besoin, corrigée.

Le professionnel doit veiller à ce que, lors de votre commande, vous reconnaissiez explicitement votre obligation de payer. [...]

Une fois votre commande terminée, le vendeur doit en accuser réception par voie électronique, sans délai, sauf si le contrat a été conclu exclusivement par courrier électronique.

www.service-public.fr, © DILA, octobre 2019

....

Première partie :

....

....

Seconde partie :

....

....

....

Vocabulaire

Reformuler : formuler de nouveau, de manière plus compréhensible.

Phrase nominale : phrase sans verbe conjugué, construite autour d'un nom commun.

Compléter les pointillés en suivant la **méthode 5**.

Méthode 5

1 Avant de lire le texte, repérer ses éléments d'identification (titre, auteur, source, date).

2 Lire le texte et repérer son objet (ce sur quoi il porte).

3 Identifier la structure du document et, pour chaque partie, repérer l'idée principale et son argumentation.

4 Surligner en conséquence, pour chacune des parties, les mots ou expressions qui caractérisent cette idée principale.

5 Reformuler pour chaque terme clé une phrase simple qui en explique le sens.

6 Proposer des sous-titres sous forme de phrase nominale.

2 ....

....

5 ....

....

....

....

....

....

....

....

6 ....

....

Méthode 6

Lire et comprendre un tableau avec des données chiffrées

Statut d'emploi et type de contrat selon l'âge en 2019 ....

en % ....

Statut d'emploi et type de contrat	15-24 ans	25-49 ans	50 ans ou plus	Ensemble
Indépendants	2,7	10,8	17,3	12,1
Salariés	97,3	89,2	82,7	87,9
Emplois à durée indéterminée	44,6	77,9	76,4	74,6
Contrats à durée déterminée	28,4	8,5	5,0	9,1
Apprentissage	17,4	0,3	0,0	1,7
Intérim	6,9	2,5	1,2	2,4
Ensemble	100,0	100,0	100,0	100,0
Effectif (en milliers)	**2 278,0**	**16 478,0**	**8 420,0**	**27 176,0**

....

....

Insee, enquête pour l'emploi, 2019 ....

....

Compléter les pointillés en suivant la **méthode 6**.

Méthode 6

1. Situer le tableau (titre, sous-titre, source et date).
2. Identifier l'objectif du tableau, le sujet sur lequel les données portent.
3. Repérer la structure du tableau (intitulé des lignes et des colonnes). Identifier le type de données numériques qui y figurent : données en valeurs absolues ou relatives (%), données calculées, parts, fractions...
4. Repérer les données significatives et les interpréter.

2 ....

....

....

....

4 ....

....

....

....

....

....

....

À la découverte de l'environnement économique et de son cadre juridique

MODULE 1

JE CONCLUS

Vélo de fonction : la solution mobilité pour les entreprises face à la crise Covid

[...] Si le vélo sécurise les trajets et améliore la qualité de vie de leurs salariés, il constitue également un levier efficace en termes de management. Réduction des retards, fluidification des déplacements professionnels, lutte contre l'absentéisme, gestion facilitée de la problématique de stationnement.

[...] Des réductions d'impôts sont octroyées aux employeurs qui mettent gratuitement à disposition de leurs salariés des vélos pour leurs déplacements quotidiens. [...]

Autre outil à disposition des entreprises pour encourager leurs employés à monter en selle : le forfait mobilité durable [...]. Grâce à ce dispositif, les sociétés peuvent prendre en charge les frais de déplacement des salariés effectuant leur trajet domicile-travail à vélo ou en covoiturage dans la limite de 400 € par an et par personne.

www.cyclable.com, 22/05/2020 – D.R.

Infractions à vélo

[...] Le Code de la route s'applique également aux vélos. Chaque cycliste est censé le connaître et le respecter, sinon gare aux amendes ! [...].

Vous êtes passible de 135 euros d'amende forfaitaire en cas de circulation sur le trottoir ou de non-respect de l'arrêt au feu rouge ou à un stop. Remonter les files par la droite ou rouler en sens interdit vous coûtera tout aussi cher.

[...] Circuler sous l'emprise de l'alcool vous expose à une amende de 135 euros. Tout comme le port d'oreillette sur un vélo ou l'utilisation d'un téléphone en circulation.

De nombreuses amendes de 35 euros sont aussi régulièrement délivrées pour des petites infractions. Telles que vitesse excessive, circulation à plus de 2 de front, tourner sans signaler le changement de direction, port d'un passager sans siège sur un vélo, remorquage ou défaut d'éclairage et de frein.

www.citycle.com, 01/06/2020

MODULE 1
À la découverte de l'environnement économique et de son cadre juridique

Indiquez dans quel contexte économique s'inscrit l'activité de l'entreprise O2feel.

....

....

Présentez les avantages pour les entreprises, dans ce contexte, de développer l'usage du vélo de fonction.

....

....

....

Précisez le cadre réglementaire applicable à la circulation en vélo.

....

LE MODULE EN SYNTHÈSE

L'essentiel à retenir

Connaître et appréhender l'environnement économique et juridique dans lequel tout agent économique est acteur, c'est :

Identifier les différentes composantes de cet environnement

- Le cadre réglementaire (la loi, les normes, les règles, les contrats...)
- Les partenaires avec lesquels il entre en relation (clients, fournisseurs, État, organismes financiers...)

Situer l'action de l'agent économique dans cet environnement

- Sa qualité (un administré, un consommateur, un fournisseur...)
- Son action (il vend, il achète, il sollicite une autorisation...)

Comprendre les interactions entre les agents économiques et l'impact des décisions des uns sur les autres

- Le fonctionnement du marché
- Les effets d'une réglementation

LES MOTS DU MODULE

Agent économique : personne (ou groupe de personnes) qui prend des décisions économiques (consommation, production, distribution).

Contrat : accord de volonté entre deux ou plusieurs personnes qui fait naître des obligations entre elles.

Échanges économiques : transferts de biens, de services ou de capitaux entre des agents économiques.

Marché : lieu de rencontre de l'offre et de la demande de biens, de services et de capitaux.

Production marchande/non marchande : biens ou services échangés à un prix significatif (production marchande) ou offerts gratuitement ou quasi gratuitement (production non marchande).

Règle de droit : règle de conduite, norme juridique, ayant un caractère général, abstrait et obligatoire.

Responsabilité civile contractuelle : obligation de réparer le dommage résultant de l'inexécution totale ou partielle, ou de l'exécution tardive de ses engagements contractuels.

Sources du droit : tout ce qui contribue à créer l'ensemble des règles juridiques applicables dans un État à un moment donné.

PRÉPARATION À L'ÉPREUVE DE DOSSIER DOCUMENTAIRE

Les contrats

Nouvelle épreuve d'examen allégée à partir de 2022 (durée 2 heures).
Ici seule la préparation à la première partie de l'épreuve est abordée.
Les sujets suivants tiennent compte des nouvelles modalités de l'épreuve (ou du nouveau cahier des charges de l'épreuve).

Vous effectuez une période de formation en milieu professionnel dans un cabinet de conseil dont la mission principale est d'accompagner ses clients dans des situations aux conséquences juridiques.
Votre tuteur vous propose l'analyse de documents portant sur les contrats.

Vous avez à votre disposition un dossier documentaire :

Document 1 Quels sont les droits et les obligations du vendeur et de l'acheteur ?

Document 2 Les informations essentielles à savoir sur le contrat de mariage

Document 3 Location de longue durée d'électroménager plus chère que le crédit renouvelable, pour être seulement locataire !

Document 4 Rupture de contrat d'ambassadeur de marque

I. Le contrat de vente

Document 1

Quels sont les droits et obligations du vendeur et de l'acheteur ?

Un contrat de vente est un contrat par lequel une personne s'engage à livrer une chose et une autre personne à la payer (art. 1582 du Code civil). Ainsi, une fois conclu, le vendeur et l'acheteur se devront de respecter les obligations nées du contrat.

Les obligations du vendeur

Après avoir conclu le contrat de vente avec l'acheteur, le vendeur doit notamment à l'acheteur (art. 1603 et suivants du Code civil) :
- une obligation d'information : le vendeur doit mettre l'acheteur en mesure de connaître les caractéristiques essentielles de ce qu'il lui vend ;
- une obligation de délivrance : le vendeur doit mettre le bien à disposition de l'acheteur ;
- une obligation de garantir l'acheteur contre l'éviction : l'acheteur doit pouvoir utiliser son bien sans être gêné par le vendeur ou un tiers ;
- une obligation de conformité : le produit acheté doit correspondre à celui décrit par le vendeur ;
- une obligation de garantie des vices cachés : le vendeur garantit le bien vendu contre les défauts qui n'auraient pas été décelés au moment de la vente et qui empêcheraient une bonne utilisation du bien.

Les obligations de l'acheteur

Une fois le contrat de vente conclu, l'acheteur a l'obligation de :
- payer le prix selon les modalités de paiement fixées ;
- retirer la chose achetée.

D'après le Code civil (art. 1582, art. 1603 et suivants)

1. Prenez connaissance du document 1 et complétez l'annexe 1 en vous aidant des fiches méthode 1 à 3.
2. Précisez sous quelle forme les parties peuvent s'engager lorsqu'elles concluent un contrat de vente.

....

....

....

....

Annexe 1

Fiche d'analyse document 1		
Type de document		Voir Méthode 1 Identifier le type de document (texte, graphique, tableau)
Source du document		Voir Méthode 2 Identifier la nature du document et son origine (sujet, date, auteur, source).
Date du document		
Titre du document		
Idées fortes		Dégager une idée forte par partie après avoir repéré la structure du texte, le plan. Voir Méthode 3

II. Les contrats de mariage et les contrats de location longue durée

Document 2

Les informations essentielles à savoir sur le contrat de mariage

Selon les derniers chiffres émis par les statistiques, 221 000 mariages ont été célébrés en France en 2019. Par rapport à l'année 2004 qui affichait environ 278 433 célébrations, ce résultat a connu une diminution d'environ 20 %. Dans ce chiffre, une majorité de couples ont conclu un PACS, et un certain nombre de ces couples mariés ont signé un contrat de mariage.*

Peu de gens savent ce qu'est un contrat de mariage, quelles en sont les différentes formules et ce qu'il implique.

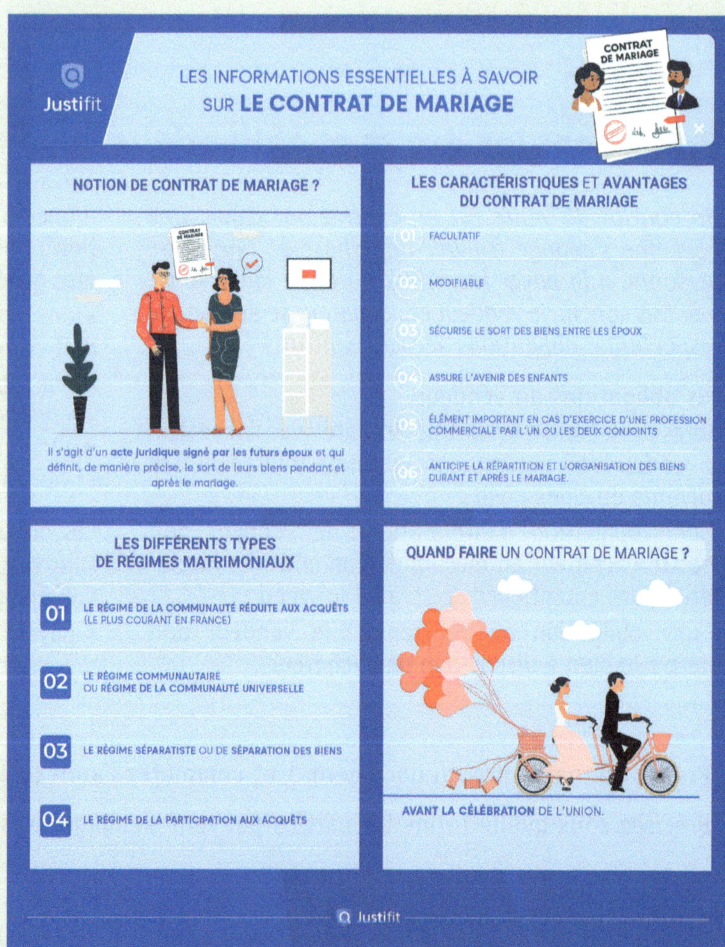

*Le pacte civil de solidarité (PACS) est un contrat conclu entre 2 personnes majeures, de sexe différent ou de même sexe, pour organiser leur vie commune.

Justifit, 20 octobre 2020

Document 3

Location de longue durée d'électroménager plus chère que le crédit renouvelable, pour être seulement locataire !

Profitant d'une réglementation obsolète, la LLD (location longue durée) constitue un véritable gouffre économique. Non reconnue comme étant un crédit à part entière, son coût pour le consommateur échappe à tout encadrement. Le tableau ci-dessous présente cinq exemples de location de longue durée de produits du quotidien.

	Micro-ondes Panasonic	**Réfrigérateur Whirlpool**	**Télévision Essentiel**	**Ordinateur Lenovo**	**Smartphone Apple**
Enseigne	Boulanger Location	Cdiscount	Boulanger Location	Darty	Fnac
Tarif comptant	316 €	300 €	350 €	400 €	669 €
Coût avec le crédit	383 € + 21 %	358 € + 19 %	442 € + 26 %	526 € + 31 %	810 € + 21 %
Coût avec la LLD	731 € + 130 %	474 € + 58 %	806 € + 130 %	999 € + 150 %	1 001 € + 65 %

Quechoisir.org, 22/01/2020

3. Prenez connaissance des documents 2 et 3 et complétez l'annexe 2.

4. Citez les dispositifs permettant aux couples de protéger, mieux que dans le cadre d'un simple mariage, leurs intérêts.

....

5. Indiquez le principal inconvénient d'un contrat de location longue durée.

....

....

Annexe 2

Fiche d'analyse		
	Document 2	**Document 3**
Type de document	....	....
Source du document	....	....
Date du document	....	....
Titre du document	....	....
Idées fortes	....	....

Pour commenter un tableau avec des données chiffrées, Voir Méthode 6, puis repérer les données significatives et les interpréter

III. Le contrat d'ambassadeur de marque

Document 4

Antoine Griezmann rompt son contrat avec Huawei, accusé de participer à la surveillance des Ouïgours

Selon le *Washington Post*, un rapport interne au groupe chinois expliquait qu'un logiciel de reconnaissance faciale était en phase de tests pour fournir « des alertes à la présence d'Ouïgours ».

« Suite aux forts soupçons selon lesquels l'entreprise Huawei aurait contribué au développement d'une "alerte Ouïgour" grâce à un logiciel de reconnaissance faciale, j'annonce que je mets un terme immédiat à mon partenariat me liant à cette société. » Ces mots sont ceux du footballeur français Antoine Griezmann, qui a annoncé, jeudi 10 décembre, rompre son contrat avec la marque chinoise Huawei, soupçonnée de participer à la surveillance de la minorité musulmane ouïgoure par les autorités chinoises.

Le champion du monde 2018, qui avait un contrat d'ambassadeur de la marque depuis 2017, appelle « Huawei à ne pas se contenter de nier ces accusations mais à engager au plus vite des actions concrètes pour condamner cette répression de masse » de la minorité ouïgoure « et user de son influence pour contribuer au respect des droits de l'homme et de la femme au sein de la société ». Les Ouïgours constituent le principal groupe ethnique du Xinjiang, une immense région de la Chine qui a notamment des frontières communes avec l'Afghanistan et le Pakistan.

AFP, 10 décembre 2020

Identifier l'idée principale et les idées secondaires du texte avec leur argumentation, Voir Méthode 2.

Repérer les mots-clés du texte en les surlignant.

6. Résumez les idées principales du document 4, en 5 à 6 lignes.

Avant de répondre à la question, il est important de bien comprendre la consigne en soulignant le ou les verbes d'action, Voir Méthode 4.

....

....

....

....

....

....

....

....

....

....

7. Expliquez pourquoi la décision d'Antoine Griezmann dépasse la notion de « défense de ses intérêts personnels ».

....

....

....

....

....

La consommation : quels choix pour les ménages ?

MODULE 2

JE DÉCOUVRE

Un des leaders mondiaux de la distribution

Carrefour est un groupe français, acteur majeur de la distribution dans le monde. [...] Au plus près de ses clients dans les pays et territoires, ses formats et canaux de distribution s'adaptent en permanence aux besoins de ceux-ci. Le groupe emploie plus de 321 000 collaborateurs dans le monde. Avec un chiffre d'affaires de près de 80,7 milliards d'euros en 2019, dont plus de la moitié hors de France, Carrefour compte aujourd'hui 12 225 magasins répartis dans plus de 30 pays.

Un groupe international

Ce groupe est le pionnier de la grande distribution alimentaire, depuis 60 ans, créateur de l'hypermarché en 1963, des produits de marque Carrefour en 1976... Carrefour touche 104 millions de foyers par an à travers le monde et accueille 1,3 million de visiteurs uniques chaque jour sur l'ensemble de ses sites e-commerce.

Présent sur trois grands marchés, l'Europe, l'Asie et l'Amérique latine, le groupe Carrefour a réalisé 52 % de son chiffre d'affaires hors de France en 2019.

Un acteur du développement économique local

Dans chacune des villes et territoires où le groupe est implanté, il s'engage dans le développement économique local en recrutant prioritairement ses équipes en proximité. Il donne aussi la préférence aux filières d'approvisionnement présentes sur le territoire : 73 % des produits alimentaires qu'il vend proviennent de fournisseurs locaux.

www.carrefour.com/fr/groupe, 2020 – D.R.

> Précisez l'activité du groupe Carrefour.

....

> Listez les principales filières d'approvisionnement de Carrefour.

....

Fiche d'identité de l'entreprise
foucherconnect.fr/21ed201

Expliquez comment Carrefour s'engage dans une démarche RSE (responsabilité sociétale des entreprises).

....

....

....

....

Vidéo +
Carrefour : nos engagements RSE 3'01''
foucherconnect.fr/21ed202

LE MODULE EN PERSPECTIVE

MODULE 2

La consommation : quels choix pour les ménages ?

1 Quelles sont les principales tendances de consommation des ménages ?

- Identifier les principaux postes budgétaires des ménages. Chap 10
- Commenter l'évolution de la consommation des ménages. Chap 11
- Repérer les différentes formes d'épargne. Chap 12

2 Comment évoluent les modes de consommation ?

- Mettre en évidence l'influence du développement durable sur les choix de consommation. Chap 13
- Repérer l'influence du numérique dans l'évolution des modes de consommation. Chap 14

3 Comment protéger le consommateur dans son acte d'achat ?

- Repérer les droits et les obligations du vendeur et du consommateur. Chap 15
- Présenter les enjeux de la protection des données personnelles. Chap 16

10

Les principaux postes budgétaires des ménages

CAPACITÉ Identifier les principaux postes budgétaires des ménages

SITUATION

Sylvie Rochat, secrétaire, perçoit un salaire en rémunération du travail effectué. Son mari dirige une entreprise de maçonnerie dont il est propriétaire. À ce titre, il dispose de revenus qui proviennent à la fois de son travail et de son capital (locaux, matériel, véhicules professionnels...). La famille Rochat, qui élève trois enfants, touche des allocations familiales.

1 Précisez l'objet de la discussion entre les époux Rochat.

....

....

....

2 Listez les revenus perçus par les époux Rochat qui ne sont pas la contrepartie de leur travail.

....

....

....

Vidéo +

Revenus du travail, du capital et revenus de transfert
1'46''

foucherconnect.fr/21ed203

Citez deux catégories de revenus primaires.

....

....

....

1 Les sources de revenu d'un ménage

DOC 1 L'origine des revenus

▲ Famille Durand

▲ Famille Dupond

M. Durand, cadre chez Areva, perçoit 4 000 € par mois et Mme Durand, propriétaire de la boutique de prêt-à-porter dans laquelle elle travaille, 2 000 € par mois. Ils possèdent des actions qui leur rapportent 35 € par mois.

M. Dupond, ouvrier spécialisé chez Alsthom, a un salaire de 1 600 € par mois et Mme Dupond est sans emploi. Chaque mois, ils touchent 131,95 € d'allocations familiales et 130,56 € d'allocations logement.

1 Calculez les revenus perçus par les familles Durand et Dupond, selon leur origine.

Origine des revenus	Famille Durand	Famille Dupond
Revenus du travail en contrepartie de l'activité professionnelle	....	....
Revenus perçus par les propriétaires de biens immobiliers ou mobiliers	....	....
Revenus mixtes versés aux entrepreneurs individuels	....	....
Total des revenus primaires (revenus perçus directement par les ménages)	....	....
Prestations sociales (revenus de transfert versés aux ménages)	....	....

DOC 2 Le patrimoine des ménages (2018)

Pourcentage de ménages français possédant...

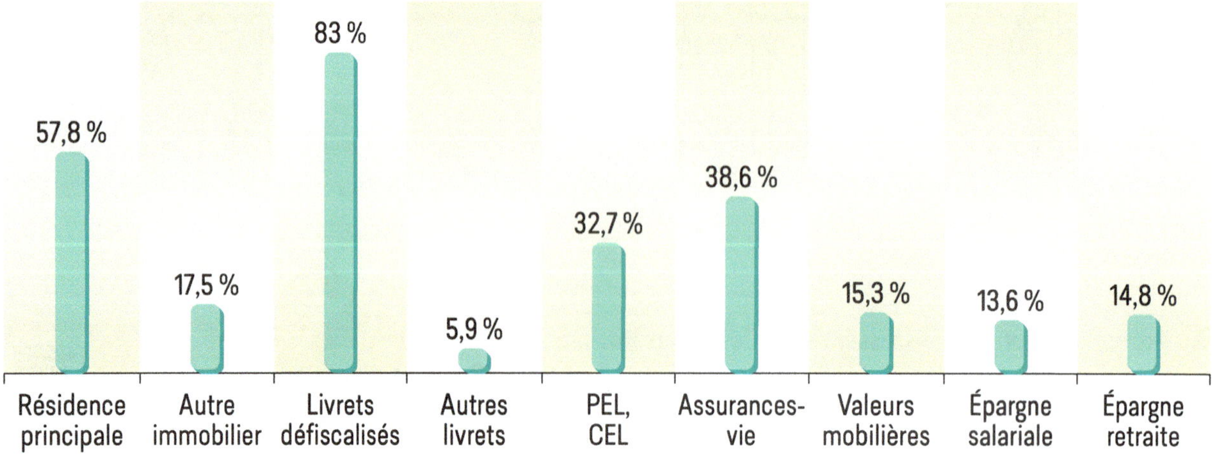

Insee - 2019

2 Regroupez les éléments du patrimoine des ménages en deux catégories.

– le patrimoine immobilier : ....

– le patrimoine financier : ....

....

2 Les prélèvements obligatoires et leur contrepartie

DOC 3 Les prélèvements obligatoires par type d'impôt

Prélèvement	En milliards d'euros		
	2010	2014	2018
Taxe sur la valeur ajoutée	135,6	148,1	168,9
Taxe intérieure sur les produits pétroliers	23,6	23,9	31,8
Impôt sur le revenu	47,0	70,0	73,8
Contribution sociale généralisée	82,3	93,8	125,3
Impôt sur les sociétés	33,1	36,2	28,5
Taxes foncières	26,1	30,6	35,0
Taxe d'habitation	15,3	17,8	16,9
Cotisations sociales	312,3	354,6	368,6

Insee, TEF, édition 2020

3 Surlignez les quatre principaux prélèvements supportés par les agents économiques.

4 Donnez en valeur absolue et en valeur relative ce qui correspond à la TVA, l'impôt sur le revenu et les cotisations sociales sur la totalité des prélèvements obligatoires en 2018.

Prélèvement	En euros (valeur absolue)	En pourcentages (valeur relative)
Prélèvements obligatoires en 2018	....	....
Part de la TVA	....	....
Part de l'impôt sur le revenu	....	....
Part des cotisations sociales	....	....

DOC 4 Les revenus de transfert

En contrepartie des impôts et des cotisations sociales qu'ils versent, les ménages reçoivent des revenus de transfert ou prestations sociales. Celles-ci sont destinées à aider les familles et à compenser les pertes de revenus liées à la vieillesse, à la maladie, au chômage ou à divers handicaps. Les prestations sociales sont versées en nature ou en espèces par l'État, les collectivités territoriales, les caisses de Sécurité sociale ou d'assurance chômage (Unedic, Assedic). Elles représentent globalement plus d'un tiers du revenu disponible des ménages.

Drees, « La protection sociale en France et en Europe en 2016 », édition 2018

Prestations de protection sociale en 2018 par risque (en %)

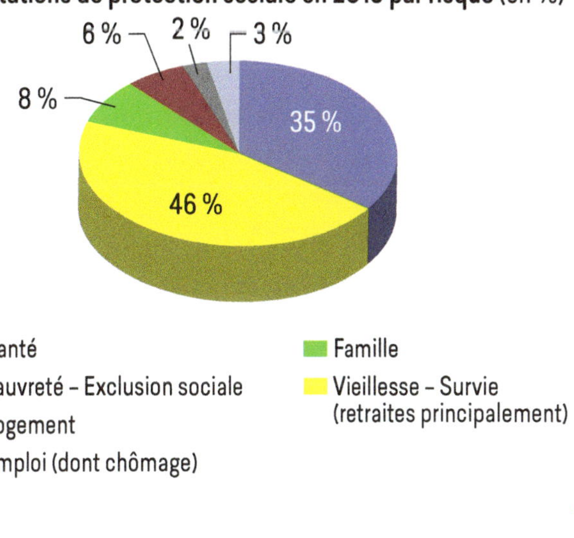

5 Surlignez, dans le texte, les revenus de transfert, leur finalité et les organismes verseurs.

6 Citez par ordre décroissant les trois principaux revenus de transfert versés aux ménages.

....

7 Indiquez la part des revenus sociaux versés au titre de la pauvreté et de l'exclusion sociale.

....

3 Le revenu disponible

DOC 5 Le revenu disponible des ménages

Ce que vous recevez

Exemples :
- les salaires, les revenus des indépendants...
- les revenus du patrimoine
- les prestations sociales comme les pensions de retraite, indemnités de chômage, allocations familiales...

Moins

Ce que vous versez

Exemples :
- les cotisations sociales
- les impôts directs : l'impôt sur le revenu, CSG, CRDS, la taxe d'habitation

www.insee.fr

8 **Indiquez le mode de calcul du revenu disponible.**

Revenu disponible = ... + ... + ... – ....

9 **Calculez le revenu disponible mensuel des familles Durand et Dupond.**

Postes	Famille Durand	Famille Dupond
Revenus primaires	....	....
Revenus de transfert	....	....
Taxes et impôts	1 250,00 €	60,00 €
Revenu disponible	....	....

DOC 6 La distinction entre consommation et épargne

L'épargne des ménages correspond à la part du revenu restant disponible, une fois déduites les dépenses de consommation. Le taux d'épargne des ménages est défini comme le rapport entre l'épargne des ménages et leur revenu disponible.

10 **Déterminez le total des dépenses mensuelles de consommation et l'épargne possible des deux familles.**

	Famille Durand	Famille Dupond
Revenu disponible	4 785,00 €	1 802,51 €
Dépenses de consommation : • Alimentation • Logement • Habillement, chaussures • Transport et communication • Loisirs, culture • Hygiène, santé • Divers (éducation, assurances...)	 850 € 1 200 € 210 € 480 € 210 € 120 € 400 €	 560 € 510 € 80 € 180 € 70 € 85 € 180 €
Total dépenses de consommation	....	....
Épargne mensuelle possible	....	....

11 **Calculez le taux d'épargne des familles Durand et Dupond.**

....

Les principaux postes budgétaires des ménages

Synthèse

foucherconnect.fr/21ed204
Rédigée
Audio

1 Les sources de revenu d'un ménage

REVENUS PRIMAIRES

- **Revenus du travail** (contrepartie du travail)
  - Ex. : salaires
- **Revenus de la propriété** (contrepartie du capital)
  - Ex. : loyers, intérêts
- **Revenus mixtes** (rémunération du travail effectué + profit en tant qu'entrepreneur)
  - Ex. : revenus de l'entrepreneur individuel

2 Les prélèvements obligatoires et leur contrepartie

MÉCANISME DE REDISTRIBUTION

- **Les prélèvements obligatoires**
  - **Contribution des acteurs économiques :**
    - Impôts et taxes
    - Cotisations sociales
- **Les revenus de transfert**
  - **Versement d'aides financières :**
    - Fourniture de services publics
    - Prestations sociales

3 Le revenu disponible

REVENUS PRIMAIRES (travail, propriété et transfert) – **PRÉLÈVEMENTS :**
- impôts
- taxes
- cotisations sociales

=

REVENU DISPONIBLE

- Consommer
- Épargner

À vous de jouer !

1 Testez vos connaissances

#QCM interactif

foucherconnect.fr/21ed205

2 Mots fléchés

Complétez la grille à l'aide des définitions.

Ⓐ Revenu restant aux ménages pour consommer et épargner.

Ⓑ Revenus attribués aux entrepreneurs individuels.

Ⓒ Revenus redistribués par l'État ou les organismes sociaux.

Ⓓ Ensemble des ressources financières perçues par les ménages.

❶ Revenus perçus par les titulaires de comptes d'épargne.

❷ Revenus perçus par les propriétaires de biens immobiliers.

❸ Revenus primaires qui proviennent du travail.

❹ Prélèvements fiscaux.

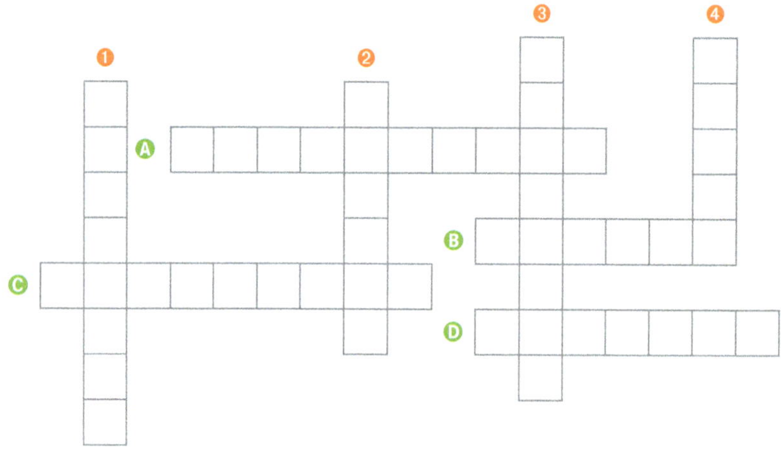

3 Analyse macroéconomique des revenus

Répartition des revenus par type en 2018
(en milliards d'euros)

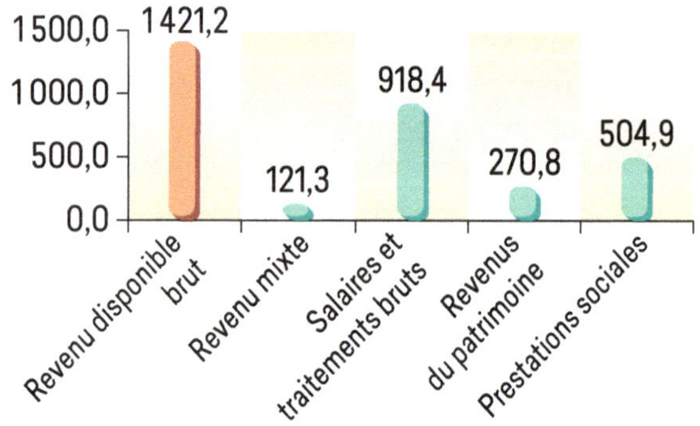

Insee, TEF, édition 2019

Citez par ordre décroissant les composantes du revenu disponible.

....

....

....

....

Évaluez l'importance des prestations sociales dans les revenus des ménages.

....

....

....

....

11

L'évolution de la consommation des ménages

CAPACITÉ Commenter l'évolution de la consommation des ménages

SITUATION

Grande discussion chez la famille Doplin. Il faut diminuer les dépenses et faire des choix sur les achats prévus au mois d'octobre : achat d'un lave-vaisselle (450 € payables en 3 fois), installation de l'aîné à l'université (600 € avec un crédit sur 3 mois), inscription au tennis pour Arnaud, le fils cadet (400 € payables sur 4 mois) et concert de rock au Zénith (110 € pour toute la famille).

1 Résumez la situation dans laquelle se trouve la famille Doplin.

....

....

....

....

....

2 Calculez le montant des dépenses effectuées puis l'épargne réalisée pour le mois de septembre.

....

....

Vidéo +

Le budget de monsieur Lapince 2'04''

foucherconnect.fr/21ed206

Expliquez l'expression « gérer son budget ».

....

....

....

....

....

....

1 Les différents postes budgétaires et leur poids

DOC 1 Les coefficients budgétaires

Postes de consommation	Dépenses de consommation des ménages (en milliards d'euros)	Coefficients budgétaires (en %)
Produits alimentaires et boissons non alcoolisées	162,2	13,2
Boissons alcoolisées et tabac	46,0	3,7
Articles d'habillement et chaussures	44,9	3,7
Logement, chauffage, éclairage	325,0	26,2
Équipement du logement	58,8	4,8
Santé	49,2	4,2
Transports	173,8	13,6
Communications	29,4	2,5
Loisirs et culture	97,8	8,0
Éducation	5,9	0,5
Hôtels, cafés et restaurants	93,5	7,3
Autres biens et services	150,4	12,3
Total : dépense de consommation	**1 236,9**	**100,0**
Dépense de consommation socialisée	391,9	
Total : consommation effective des ménages	**1 628,8**	

Insee, TEF, édition 2020

1 Surlignez le poste qui présente la part relative de dépenses de consommation la plus élevée et celui qui est le plus faible.

2 Expliquez ce qu'est un « coefficient budgétaire » et comment il se calcule.

....

....

DOC 2 La consommation socialisée et la consommation effective des ménages

Les ménages consomment de nombreux biens et services, mais n'en paient pas directement l'intégralité. En effet, une partie est prise en charge par les administrations publiques ou les institutions sans but lucratif au service des ménages : on parle alors de **dépense socialisée**. [...]

La dépense socialisée concerne principalement la santé, l'enseignement, l'action sociale et le logement.

Insee Première n° 1618 – 26/09/2016

Les **dépenses de consommation finale** des ménages comprennent les dépenses effectivement réalisées par les ménages résidents pour acquérir des biens et des services destinés à la satisfaction de leurs besoins. Les produits correspondants ne sont pas stockés, mais considérés comme consommés au moment de leur achat, même s'ils sont durables (voitures, électroménagers, meubles, etc.).

Les dépenses de consommation finale des ménages incluent la part des dépenses de santé, d'éducation, de logement, restant à leur charge, après remboursements éventuels.

www.insee.fr

3 Donnez deux exemples par type de dépense.

Dépenses de consommation socialisée : ....

Dépenses de consommation finale effective : ....

2 Les dépenses pré-engagées

Vidéo +
Les dépenses préengagées, données 2019 - 1'32''
foucherconnect.fr/21ed013

DOC 3 Les dépenses contraintes : le poids du logement

Les dépenses pré-engagées (ou contraintes) se définissent par l'ensemble des dépenses des ménages réalisées dans le cadre d'un contrat difficilement renégociable à court terme (ex. : dépenses liées au logement : eau, gaz, électricité, téléphone, assurance...).

Évolution des dépenses pré-engagées des ménages (%)

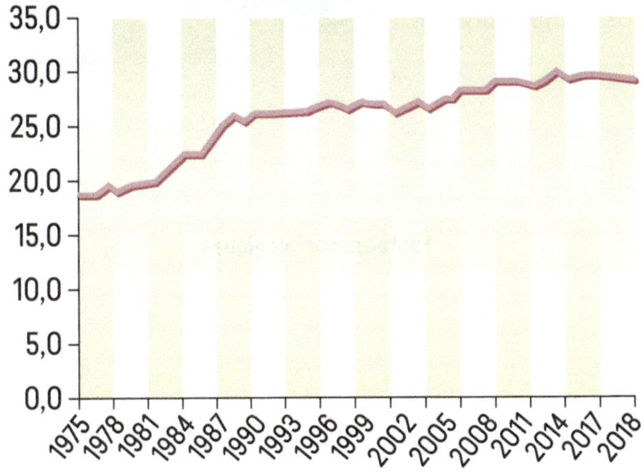

Répartition de la part des dépenses pré-engagées dans le revenu des ménages (%)

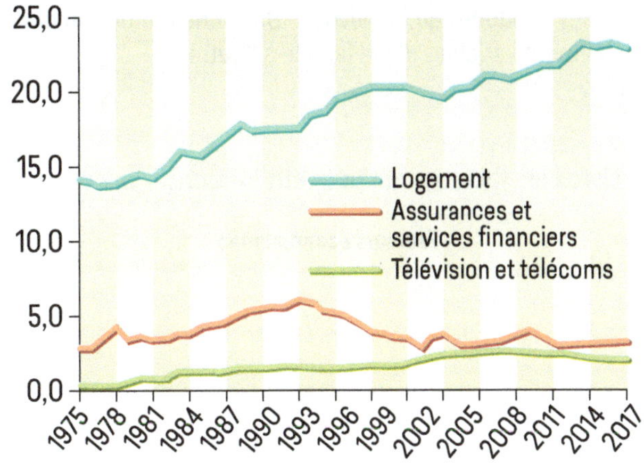

Insee statistiques 2020

4 Donnez des exemples de « dépenses pré-engagées ».

....

....

5 Expliquez les raisons pour lesquelles les dépenses incontournables (ex. : alimentation) et les dépenses pré-engagées impactent plus les ménages à faibles revenus.

....

....

....

DOC 4 La consommation pré-engagée selon le type de ménage

Les dépenses pré-engagées représentent un poids considérable dans le budget des ménages en situation de précarité : elles absorbent plus de la moitié (56 %) de leurs ressources disponibles (contre 30 % du revenu disponible de l'ensemble des ménages de France métropolitaine). Le montant médian des dépenses pré-engagées s'élève à 604 € par mois : essentiellement des dépenses de logement (440 €) et des dépenses d'énergie et d'eau qui lui sont liées (103 €). Les APL* parviennent toutefois à alléger considérablement cette dépense, en réduisant le montant médian des loyers nets à 227 €.

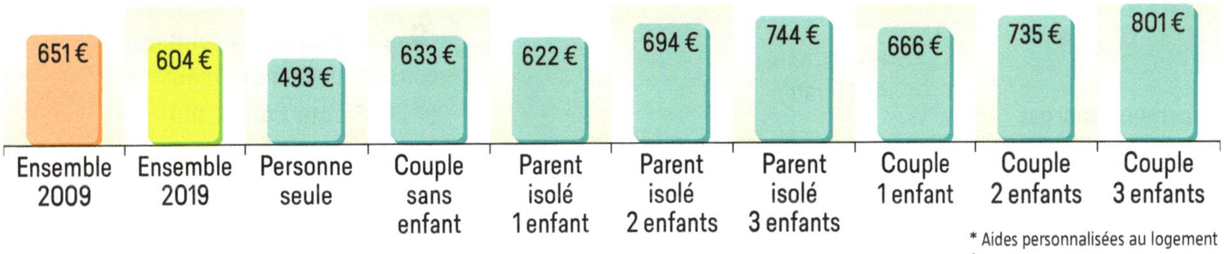

* Aides personnalisées au logement

Secours catholique – CARITAS FRANCE, État de la pauvreté en France, 2020

6 Commentez la situation des ménages en matière de dépenses pré-engagées.

....

....

....

3 Les déterminants des dépenses de consommation

DOC 5 Les habitudes de consommation

Le comportement des ménages en matière de consommation évolue principalement selon deux types de critères :
– économiques : par exemple le niveau de revenus des ménages, les prix des biens et des services (un cadre supérieur n'a pas les mêmes revenus qu'un employé) ;
– sociologiques : par exemple, la composition de la famille et les habitudes de vie des ménages varient selon la catégorie socioprofessionnelle (un agriculteur n'a pas les mêmes habitudes qu'un ouvrier). Dans une même catégorie, les comportements sont également variables d'une famille à l'autre.

7 **Listez les facteurs qui peuvent influencer la consommation.**

Facteurs économiques	Facteurs sociologiques
....	....
....	....
....	....
....	....

DOC 6 L'évolution de la structure de la consommation

Dépenses de consommation des ménages
(en % du panier moyen)

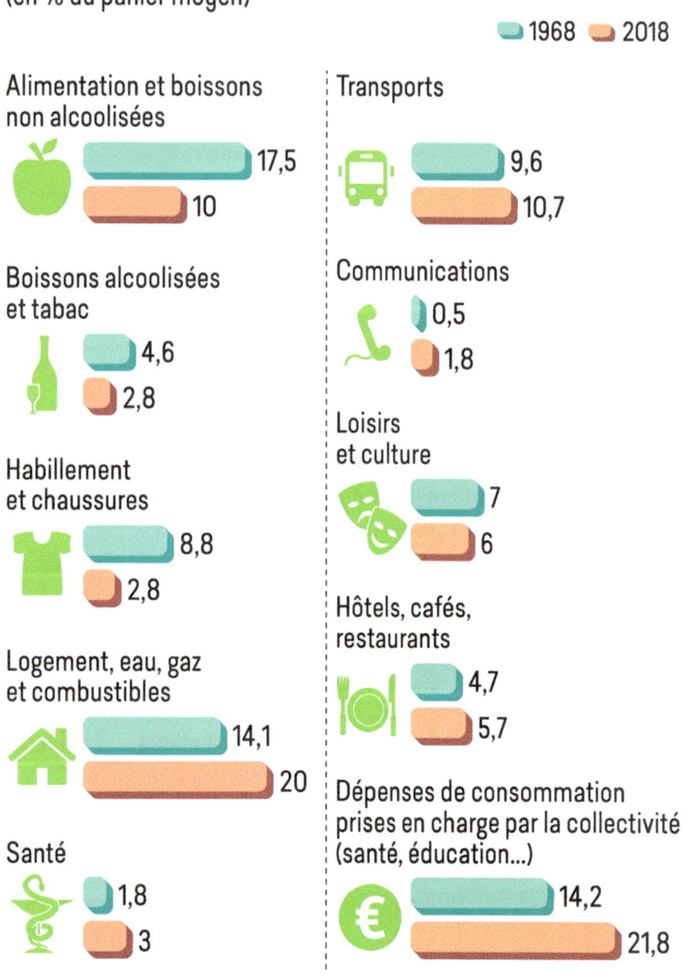

Insee, 2018

8 **Indiquez le principal constat à faire concernant la consommation des ménages en 2018 :**

– du logement : ....

....

....

....

....

....

....

– de l'alimentation et des boissons non alcoolisées : ....

....

....

....

9 **Commentez l'évolution de la consommation des ménages entre 1968 et 2018 pour l'alimentation et les boissons non alcoolisées.**

....

....

....

....

....

....

....

L'évolution de la consommation des ménages

Synthèse

foucherconnect.fr/21ed206
Rédigée
Audio

1 Les différents postes budgétaires et leur poids

COEFFICIENT BUDGÉTAIRE = $\frac{\text{MONTANT D'UN POSTE DE DÉPENSE}}{\text{DÉPENSE TOTALE}}$

Il permet de mesurer le poids d'un poste budgétaire dans la consommation des ménages

2 Les dépenses pré-engagées

DÉPENSES DES MÉNAGES

Dépenses pré-engagées (ou contraintes) : Ensemble des dépenses des ménages réalisées dans le cadre d'un contrat difficilement renégociable à court terme.

- Le logement
- Les services de télécommunications
- Les frais de cantine
- Les services de télévision
- Les assurances (hors assurance-vie)
- Les services financiers

Dépenses incontournables

- L'alimentation
- Le transport
- La santé
- L'éducation

3 Les déterminants des dépenses de consommation

FACTEURS ÉCONOMIQUES

- Prix des biens
- Revenu disponible

Deux contraintes économiques qui limitent la capacité à consommer des individus.

FACTEURS SOCIOLOGIQUES

Profession et catégorie socioprofessionnelle, âge, mode de vie, composition de la famille…

Des éléments déterminants dans le processus de consommation.

À vous de jouer !

1 Testez vos connaissances

#QCM interactif

foucherconnect.fr/21ed207

2 Mots mêlés

Reconstituez chaque terme afin de découvrir la phrase cachée.

1. A L   M M N N S C T O O O I A
2. E S D   S G M A E E N
3. S E E R U M
4. E S L   S S P N E E E D
5. N E   N I B E S
6. T E   V S S I E E R C

Le mot de la fin : ……………………………………

3 Analyse de l'équipement des ménages

Équipement des ménages en biens durables selon l'âge de la personne de référence en 2018, en %

	16-24 ans	25-39 ans	40-59 ans	60 ans ou plus	Ensemble
Lave-linge	79,1	95,7	97,6	96,8	96,3
Téléviseur couleur	79,2	93,1	95,3	97,9	95,4
Téléphone fixe	28,2	65,3	86,0	91,1	82,0
Téléphone portable	100,0	99,4	98,9	89,9	95,4
Micro-ordinateur (y. c. portable)	93,3	93,2	92,1	67,4	82,3
Connexion à l'Internet	96,6	96,6	94,4	69,7	84,9
Voiture	72,6	84,5	88,9	80,6	84,1
2 voitures ou plus	23,3	40,6	45,9	26,8	36,3

Insee Références - Consommation, TEF, édition 2020

Commentez les taux d'équipement des ménages en biens durables en 2018.

12

Les différentes formes d'épargne

CAPACITÉ Repérer les différentes formes d'épargne

SITUATION

Manon et Bastien, en couple depuis 10 ans, titulaires d'un Livret A et d'un Plan d'épargne logement (PEL), s'interrogent sur l'utilisation de leur épargne.

1 Indiquez l'objet de la discussion entre Manon et Bastien.

....

....

2 Précisez comment ils envisagent d'utiliser leur épargne.

....

....

....

....

....

....

....

Vidéo +

Épargner pour quoi faire ?
2'21''

foucherconnect.fr/21ed208

Expliquez l'intérêt d'épargner pour un ménage.

....

....

....

....

1 Les raisons de l'épargne des ménages

DOC 1 Épargner, pour quoi faire ?

Il existe trois grandes motivations d'épargne :

• Mettre de l'argent de côté pour **constituer une réserve** en cas de coup dur : accident, problème de santé, perte d'emploi... C'est ce qu'on appelle le motif de précaution.

• Mettre de l'argent de côté pour **réaliser un projet**, pour pouvoir effectuer, à terme et sans trop s'endetter, un achat impossible à réaliser avec son revenu courant (équipement du logement, vacances, achat de voiture, achat d'un logement...).

• Se constituer ou **transmettre un capital** ou une rente (épargne retraite, transmettre un patrimoine, aider ses enfants...).

www.economie.gouv.fr

1 **Précisez le motif d'épargne dans chaque situation.**

Exemples d'épargne	**de précaution** (pour faire face à certains risques)	**de confort** (pour réaliser un projet ou se faire plaisir)	**de spéculation** (pour tirer profit de placements d'argent) **et patrimoniale** (pour se constituer un patrimoine qui se valorise au cours du temps)
Achat d'une voiture			
Placement d'argent			
Cotisation à une mutuelle			

2 **Donnez un exemple d'épargne de spéculation.**

....

....

DOC 2 Les placements financiers des Français et leur évolution entre 2010 et 2018

Taux de détention par grand type d'actifs en France métropolitaine (%)

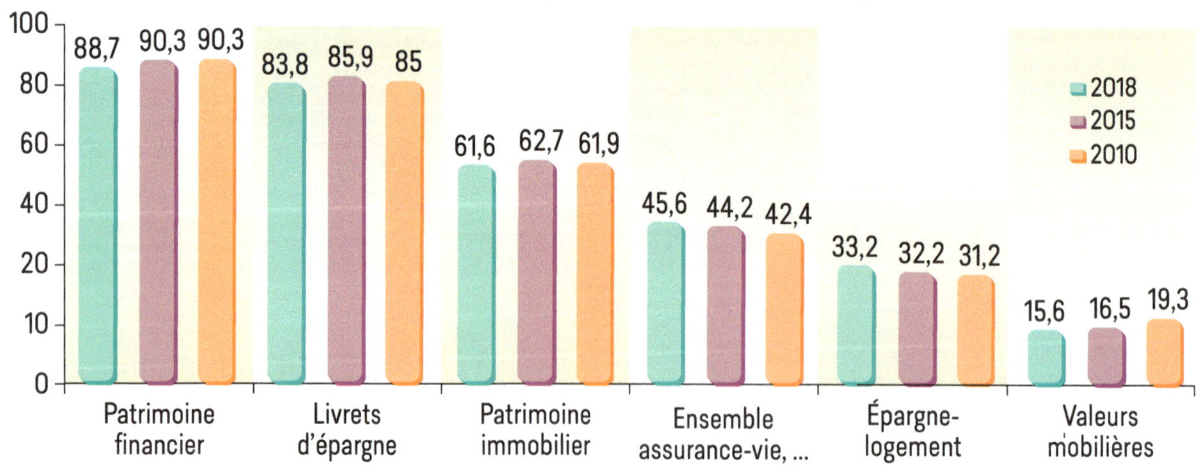

Insee Références – Monnaie-Marché financier, TEF, édition 2020

* Livret de développement durable et solidaire

3 **Relevez les principales caractéristiques des placements financiers des Français et leur évolution.**

....

....

....

....

....

....

2 Les formes de l'épargne

DOC 3 Épargner, mais comment ?

L'épargne peut consister à :

- **Thésauriser** (conserver son argent dans un « bas de laine », une tirelire ou un coffre-fort), mais cette forme d'épargne ne rapporte pas d'intérêts.
- **Placer son argent** (épargne financière) auprès d'organismes financiers pour en retirer des revenus (achat d'actions, d'obligations, ouverture d'un livret d'épargne...).
- **Investir** dans l'achat de biens de production (ex. : une machine-outils) ou de biens immobiliers (épargne immobilière).

L'épargne, selon les formes qu'elle prend, peut être placée ou non ; elle peut produire des revenus ou être stérile (ne produire aucun revenu).

4 Identifiez la forme et la nature de l'épargne dans chacune des situations ci-dessous.

Situation	Forme d'épargne	Nature de l'épargne			
		Placée	Non placée	Productive de revenus	Stérile
Mme Petit conserve chez elle, dans un coffre-fort, 58 300 € épargnés au cours de sa vie professionnelle.	....				
M. Rodrigues a déposé dans une banque, sur un livret, la somme de 13 260 € perçue suite à un héritage.	....				
Avec l'argent d'un héritage, M. et Mme Hu ont acheté un appartement à la mer pour les vacances ou pour le louer.	....				

DOC 4 L'évolution de l'épargne en France

Un taux d'épargne

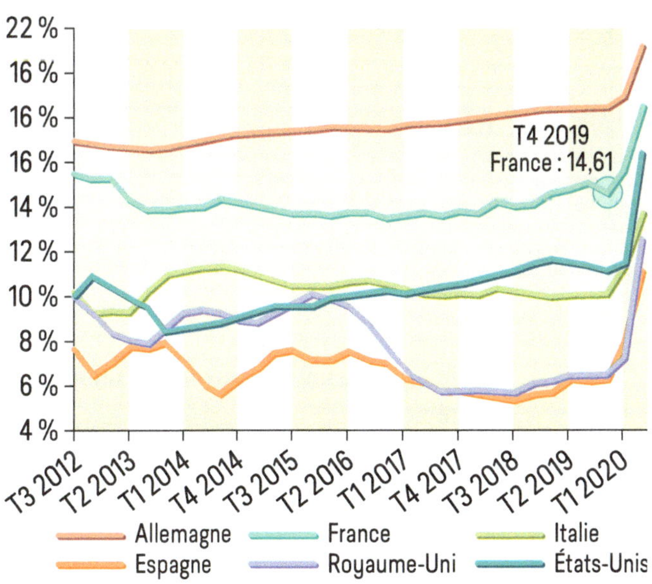

5 Commentez l'évolution du taux d'épargne des Français par rapport aux autres pays.

....

....

....

....

....

....

....

....

....

....

....

....

....

3 L'influence budgétaire d'un achat à crédit

DOC 5 Qu'est-ce qu'un crédit ?

Un crédit correspond à l'avance d'une somme d'argent.

Si un ménage n'a pas assez d'argent pour réaliser une dépense :
- soit il épargne et retarde sa dépense jusqu'au moment où il aura accumulé assez d'argent ;
- soit il emprunte la somme nécessaire pour réaliser la dépense immédiatement. Il remboursera le crédit au fur et à mesure : le montant prêté, augmenté des intérêts.

Le crédit permet de réaliser maintenant une dépense qui sera remboursée plus tard (progressivement) et moyennant le paiement d'intérêts. Il évite à un ménage d'attendre d'avoir épargné le montant nécessaire.

On peut distinguer plusieurs types de crédit : **crédit à la consommation** pour financer des dépenses de la vie courante et d'équipement, **crédit immobilier** pour financer l'acquisition d'un terrain, d'un logement ou des travaux de rénovation, d'aménagement, **crédit automobile**...

6 **Précisez les formes de crédit envisagées à partir des exemples ci-dessous.**

Exemples	Crédit à la consommation	Crédit automobile	Crédit immobilier
Achat d'un logement			
Réalisation de gros travaux dans une résidence secondaire			
Besoin d'un nouvel ordinateur			
Changement de voiture dans l'urgence			

DOC 6 Le montant de l'emprunt moyen en France en 2019

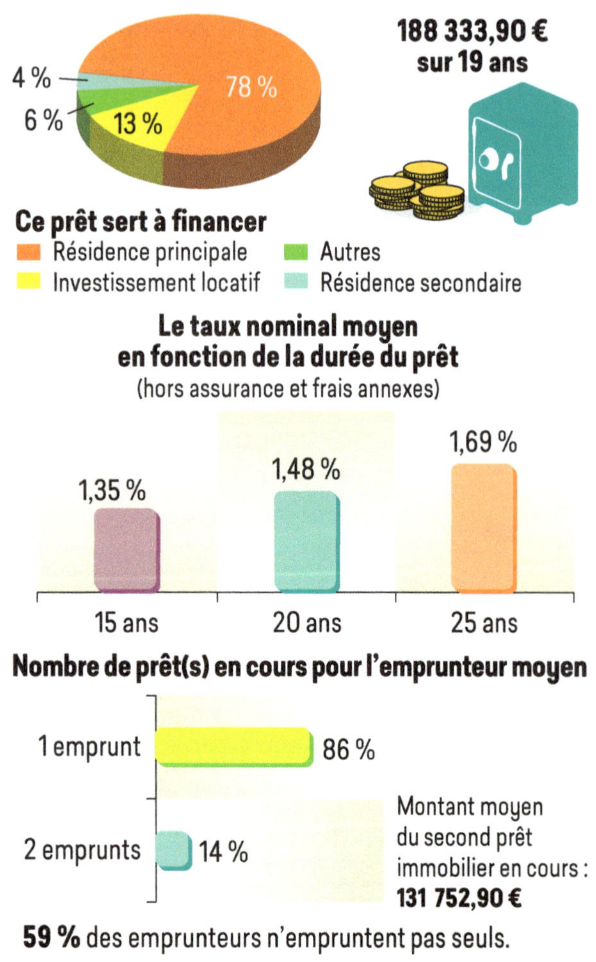

7 **Commentez le montant de l'emprunt moyen en France en 2019.**

8 **Indiquez les principaux motifs du recours au crédit.**

9 **Précisez les caractéristiques des prêts contractés par l'emprunteur moyen.**

Les différentes formes d'épargne

Synthèse

foucherconnect.fr/21ed209
Rédigée
Audio

1 Les raisons de l'épargne des ménages

LES OBJECTIFS DE L'ÉPARGNE

- Épargne de **précaution** pour se prémunir des risques éventuels
- Épargne de **confort** pour la réalisation de projets
- Épargne de **spéculation** pour augmenter les revenus par des placements

2 Les formes de l'épargne

L'ÉPARGNE PEUT PRENDRE DIVERSES FORMES

- **Thésaurisation**
  - Non placée
  - Stérile
- **Épargne financière** et **Épargne immobilière**
  - Placée
  - Productive de revenus

3 L'influence budgétaire d'un achat à crédit

POUR RÉALISER UNE DÉPENSE, ON PEUT :

Épargner (accumuler de l'argent)	**Emprunter**
=	=
Retarder les dépenses	Dépenser immédiatement

À vous de jouer !

1 Testez vos connaissances

#QCM interactif foucherconnect.fr/21ed210

2 La bonne paire

Reliez les mots à leur définition.

Thésaurisation	Mise à disposition par une organisation d'une somme d'argent à une personne en contrepartie de l'engagement d'être remboursé à une date déterminée.
Épargne	Part du revenu disponible des ménages qui n'est pas utilisée en dépense de consommation finale.
Crédit	Dette résultant de l'attribution du prêt remboursable à terme.
Emprunt	Fait de garder son argent hors du circuit économique.

3 Les actifs en stats

Évolution entre 1998 et 2018 des taux de détention d'actifs en France métropolitaine, en %

	1998	2004	2010	2015	2018
Patrimoine immobilier[1]	58,5	60,5	61,9	62,7	61,6
Résidence principale[1]	53,3	55,7	58,0	58,9	57,7
Autres logements	18,1	17,7	18,7	18,0	17,7
Patrimoine financier	90,3	90,2	90,2	90,3	88,7
Livret d'épargne	83,5	83,2	85,0	85,9	83,8
Livrets défiscalisés	82,5	82,6	84,7	85,6	83,4
Livret A ou Bleu	64,4	57,0	68,3	75,8	73,2
LDDS (ex-LDD ou Codevi)	37,6	41,9	39,4	36,7	35,0
LEP	14,4	23,8	24,3	19,6	18,7
Livret jeune	17,3	17,2	14,8	14,2	12,6
Livret soumis à l'impôt (livret B, livret Orange)	6,2	5,9	6,3	5,8	6,0
Épargne logement	40,9	41,3	31,2	32,2	33,2
Plan d'épargne logement (PEL)	34,5	33,6	22,5	25,2	27,6
Compte épargne logement (CEL)	16,3	19,1	16,4	15,1	13,5
Assurance-vie et ensemble épargne retraite	40,9	36,9	42,4	44,2	45,6
Assurance-vie	28,9	26,2	34,7	36,5	39,0
Épargne retraite (y c. PERP)	9,2	9,7	12,3	14,4	13,5
Plan d'épargne populaire (PEP)	14,9	9,2	4,4	2,6	2,1
Valeurs mobilières	21,2	24,2	19,3	16,5	15,6
Épargne salariale	12,7	16,7	15,1	14,5	13,9
Ensemble autres produits financiers[2]	4,8	2,1	4,0	4,1	3,7
Patrimoine professionnel[3]	-	-	15,8	15,0	14,9

1. Y compris en usufruit pour la résidence principale pour 2010, 2015 et 2018. **2.** Bon d'épargne, de caisse ou de Trésor, compte à terme, compte courant d'associés, livret d'épargne entreprise. **3.** Les hauts patrimoines n'étant pas surreprésentés en 1998 et 2004, les chiffres sur le patrimoine sont moins précis.

Lecture : début 2018, 83,8 % des ménages vivant en France métropolitaine détiennent au moins un livret d'épargne. Ils étaient 85,9 % en 2015.

Insee Première n° 1722, décembre 2018

Commentez l'évolution des taux de détention d'actifs en France entre 1998 et 2018.

....

....

....

Méthode 7

Identifier les différents types de graphiques et leurs caractéristiques

- Nature de graphique : ....
- Type de graphique : ....

Durée annuelle du travail des salariés entre 1950 et 2018

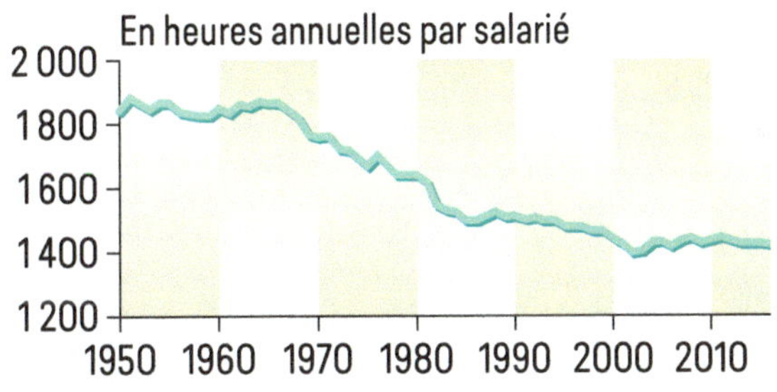

- Nature de graphique : ....
- Type de graphique : ....

Taux de croissance annuelle de la consommation de soins et de biens médicaux

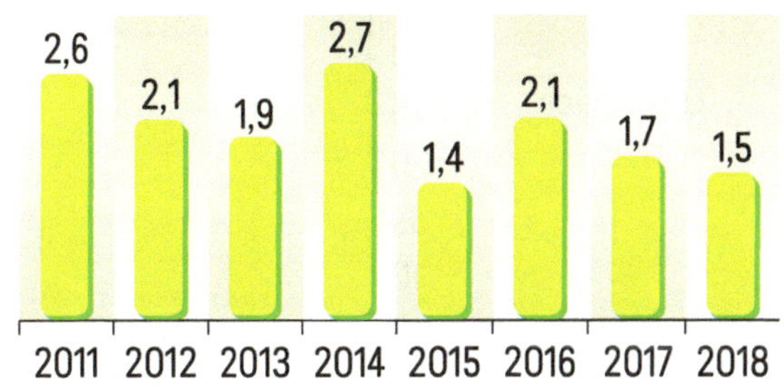

- Nature de graphique : ....
- Type de graphique : ....

Structure des dépenses publiques en 2018

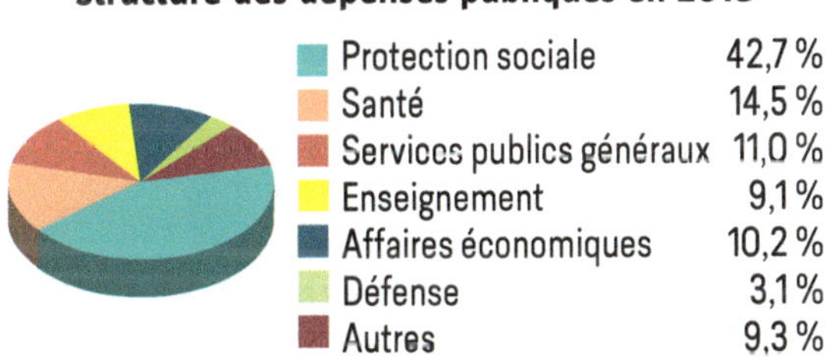

- Nature de graphique : ....
- Type de graphique : ....

Devenir des déchets ménagers et assimilés par mode de traitement

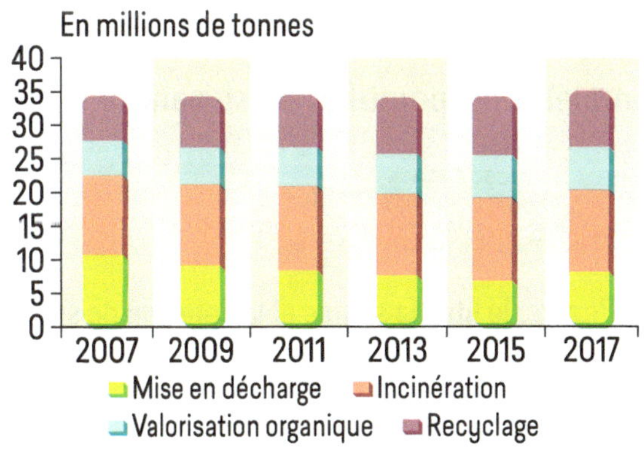

Insee, 2020

Compléter les pointillés en suivant la **méthode 7**.

Méthode 7

1. Lire le titre du graphique et en comprendre le sens (c'est-à-dire ce qu'il cherche à montrer) en surlignant l'objet du graphique (que représente-t-il ?).
2. Identifier la nature du graphique (variation, évolution, répartition).
3. Déterminer le type de représentation graphique retenu : courbe, histogramme, diagramme, secteurs.
4. Prendre connaissance de la légende s'il y en a une, pour mieux interpréter les données du graphique.

Vocabulaire

Graphique d'évolution : représente les évolutions d'un phénomène dans le temps (ex. : courbes).
Graphique de variation : représente les variations d'un phénomène dans le temps (ex. : histogramme).
Graphique de répartition : représente, à un instant déterminé, la répartition des variables d'un même phénomène (ex. : diagramme, camembert).

Méthode 8

Interpréter les données d'un graphique

....

Unité de mesure : ....

Ordonnées : ....

Type de graphique : ....

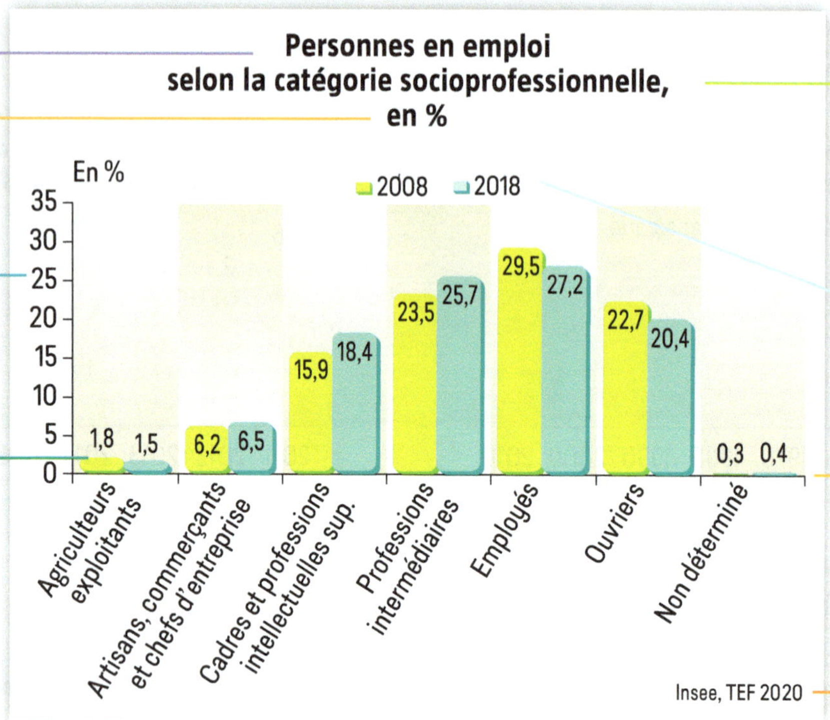

Entité étudiée : ....
....
....
....

Abscisses : ....
....
....

....

Compléter les pointillés en suivant la **méthode 8**.

Méthode 8

1 Repérer le titre, la source et la date afin de situer les données du graphique.

2 Préciser le type de graphique et son objet (ce qu'il concerne).

3 Identifier les éléments de compréhension du graphique : thème abordé et/ou nature des données, unité de mesure des données (pourcentages, euros, poids...), entité concernée (pays, continent, entreprise, produit, secteur d'activité, marché...), phénomène observé (axe des abscisses et axe des ordonnées).

4 Repérer les données marquantes sur le graphique (plus fort, plus faible, inclinaison d'une courbe, part importante...).

5 Présenter les éléments significatifs des constats observés précédemment dans une courte note.

Vocabulaire

Courbe : représentation de l'évolution d'un phénomène dans le temps.
Graphique en secteurs ou **« camembert »** : représentation de la répartition d'un phénomène en pourcentage.
Histogramme ou **diagramme en bâtons** : représentation de l'évolution d'un phénomène dans le temps ou de sa répartition.

4 ....
....

5 ....
....
....
....
....
....
....
....
....

13

L'influence du développement durable sur les choix de consommation

CAPACITÉ Mettre en évidence l'influence du développement durable sur les choix de consommation

SITUATION

Grégory dirige, à Dijon, une entreprise d'insertion qui collecte et recycle de l'électroménager usagé. Il espère obtenir l'écolabel « Aluminium recyclable » car il vient de signer un contrat avec de grandes marques.

1 Indiquez la nature de l'écolabel que Grégory souhaite obtenir.

....

2 Expliquez ce que signifie être « écoresponsable » pour un consommateur.

....

....

....

....

....

....

Vidéo +

Comprendre les objectifs de développement durable
1'01''

foucherconnect.fr/21ed211

Expliquez dans quel but 193 États, dont la France, se sont engagés ensemble pour atteindre 17 objectifs de développement durable d'ici 2030.

....

....

....

....

1 Le développement durable

DOC 1 Une démarche

Le développement durable vise à concilier simultanément croissance économique, équité sociale et préservation de l'environnement, dans le cadre d'une politique économique responsable.
Les trois piliers sont intégrés dans une approche de développement équilibré sur le long terme.

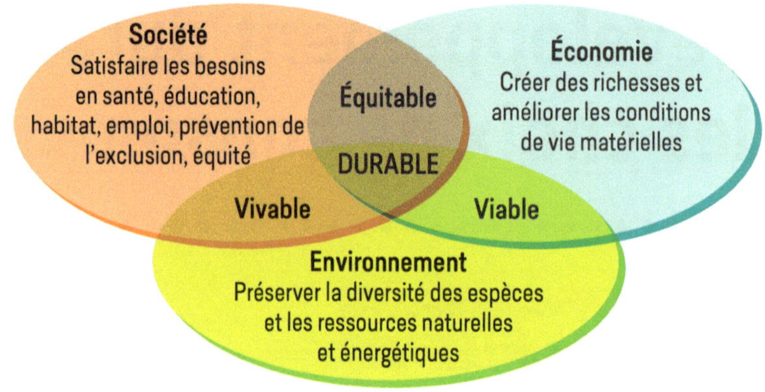

www.solutionsdd.monde-proprete.com

1 **Précisez les objectifs d'une politique économique de développement durable pour chacun des piliers.**

....

....

....

DOC 2 La mise en œuvre du développement durable : l'Agenda 2030

L'Agenda 2030 est universel, c'est-à-dire qu'il s'applique à tous les pays, du Nord comme du Sud. Il vise la transformation du monde en éradiquant la pauvreté et en assurant sa transition vers un développement durable. Avec ses 17 Objectifs de développement durable et 169 cibles (ou sous-objectifs), il dessine une feuille de route détaillée et couvrant pratiquement toutes les questions de société.

www.agenda-2030.fr, 17/09/2019

2 **Rappelez les objectifs fondamentaux visés par les actions prévues dans l'Agenda 2030.**

....

3 **Répartissez les objectifs de développement durable selon leur nature.**

Niveau de vie	Économie	Environnement	Société
....	....	....	....

2 La consommation responsable

DOC 3 Le respect de l'environnement

Peut-on réduire les impacts environnementaux des produits ?

L'écoconception agit sur tout le cycle de vie d'un produit.

Économies d'énergie et de matières, réduction des pollutions, augmentation du chiffre d'affaires… De nombreuses entreprises se lancent dans l'écoconception pour améliorer la performance environnementale de leurs produits et services ainsi que leur performance économique.

Un exemple : la démarche d'écoconception du groupe SEB

L'ensemble des produits fabriqués a été repensé pour qu'ils soient plus faciles à réparer et à recycler, pour intégrer des matériaux eux-mêmes recyclés et des polymères biosourcés, pour remplacer des substances contestées… La réduction de la consommation énergétique et de l'empreinte carbone lors du transport ont également été prises en compte.

L'écoconception peut s'appliquer à tous les biens de consommation, comme le mobilier d'une chambre d'enfant, fabriqué avec très peu de bois et conçu pour être facilement recyclable.

©ADEME, mars 2019

4 Expliquez ce qu'est l'écoconception.

....

....

5 Citez les principaux avantages de l'écoconception pour les entreprises.

....

....

....

DOC 4 L'économie locale

L'expression d'une volonté de consommer toujours plus responsable.

Question de l'enquête :

« De façon générale, pensez-vous avoir modifié vos habitudes d'achat, votre comportement alimentaire ou culinaire au cours des trois dernières années ? »

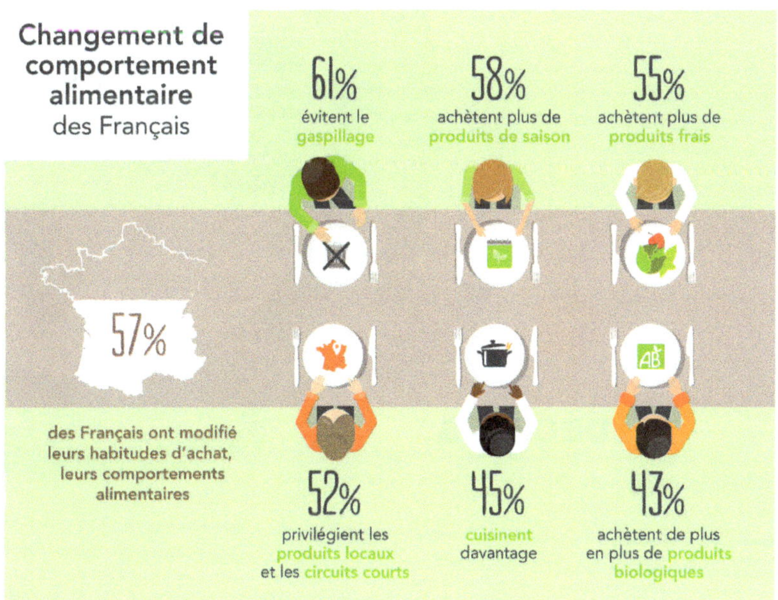

Baromètre de consommation et perception des produits biologiques en France - Agence Bio / Spirit Insight, février 2019

6 Listez les principaux changements des comportements alimentaires et culinaires des Français.

....

....

....

....

3 L'influence du développement durable

DOC 5 Les principes de l'économie dite « linéaire »

Le modèle linéaire atteint ses limites

Une économie dite linéaire est caractérisée par un cycle concis qui peut se résumer ainsi : extraire – fabriquer – jeter. Dans un premier temps, il s'agit d'extraire des matières premières (ex. : du pétrole, du blé, du bois...). Dans un second temps, ces matières premières vont servir à créer des produits. Les produits fabriqués rejoindront la case déchets quand on n'en aura plus besoin.

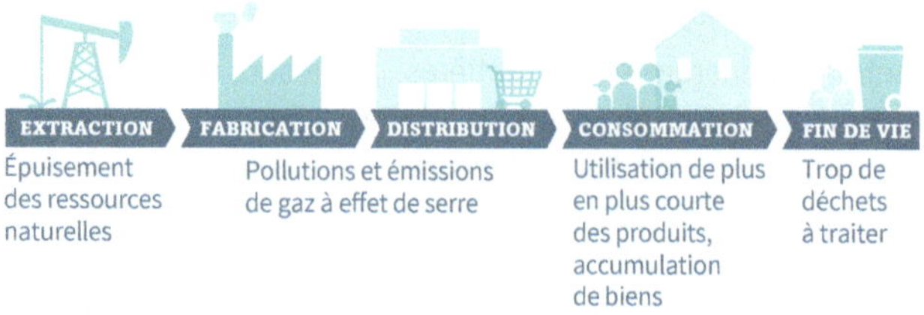

L'économie linéaire est un type d'économie qui repose sur un modèle dit « linéaire » et qui date de l'époque de l'industrialisation. Elle se caractérise par un très grand gaspillage de ressources, causant une charge écologique insoutenable.

©ADEME, Guide pratique L'économie circulaire en 10 questions - Édition mars 2019

7 **Énumérez les effets négatifs d'une économie linéaire.**

....

....

DOC 6 Les principes de l'économie circulaire

L'économie circulaire : une nouvelle façon de produire et de consommer

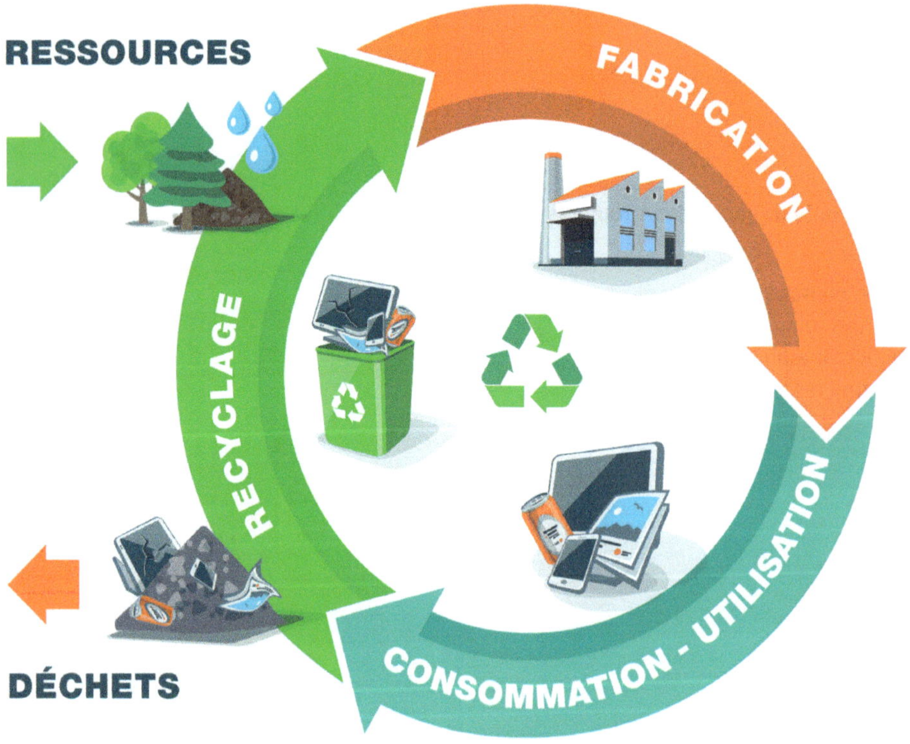

clcvud13.com

8 **Expliquez en quoi l'économie circulaire est différente de l'économie linéaire.**

....

....

....

....

....

....

L'influence du développement durable sur les choix de consommation

Synthèse

foucherconnect.fr/21ed212
Rédigée
Audio

1 Le développement durable

LES CONSTATS	Gaspillage et surconsommation des ressources naturelles, pollution, réchauffement climatique et croissance démographique mondiale non maîtrisée.
LA PRINCIPALE FINALITÉ	Organisation des productions de biens et services en réponse aux besoins actuels mais sans compromettre la réponse aux besoins des générations futures.
LES AXES D'ACTION PILIERS	**Social** (santé, éducation, emploi). — **Économique** (amélioration des conditions de vie). — **Environnemental** (préserver les ressources naturelles et les espèces).
LES EFFETS ATTENDUS	Sensibilisation de tous et multiplication des comportements écocitoyens, et, par conséquent, développement durable.

2 La consommation responsable

MODE DE CONSOMMATION QUI PREND EN COMPTE LES CRITÈRES DU DÉVELOPPEMENT DURABLE (RESPECTUEUSE DE L'ENVIRONNEMENT, BÉNÉFIQUE POUR L'ÉCONOMIE, BONNE POUR LA SANTÉ)

Quels enjeux ?

- **Mieux acheter** (acheter des produits plus écologiques)
- **Mieux consommer** (moins gaspiller, avoir une consommation plus durable)
- **Mieux éliminer** (prendre en compte le recyclage)
- **Mieux produire**

3 L'influence du développement durable

Économie linéaire → **Évolution vers** → **Économie circulaire**

Économie linéaire :

- Extraire
- Fabriquer
- Distribuer
- Consommer
- Jeter

Le modèle linéaire a atteint ses limites.

Économie circulaire :

3 domaines et plusieurs actions possibles :

- **Gestion des déchets** : recyclage.
- **Offre des organisations** : approvisionnement durable, écoconception, écologie industrielle et territoriale.
- **Comportement des consommateurs** : allongement de la durée d'usage des produits, consommation responsable.

Le modèle circulaire est une nouvelle façon de produire et de consommer.

À vous de jouer !

1 Testez vos connaissances

#QCM interactif

foucherconnect.fr/21ed213

2 Des logos au quotidien

Cochez quatre écolabels réservés principalement à l'alimentation.

EU Ecolabel www.ecolabel.eu ❑	CERTIFIÉ AB AGRICULTURE BIOLOGIQUE ❑	Clef Verte ❑	PÊCHE DURABLE MSC www.msc.org/fr ❑
NORDIC ECOLABEL ❑	Label BIO EUROPE ❑	NF ENVIRONNEMENT ❑	PAVILLON FRANCE La marque des produits de la pêche française ❑

3 Les biens de consommation durables

La face cachée de nos équipements à la maison

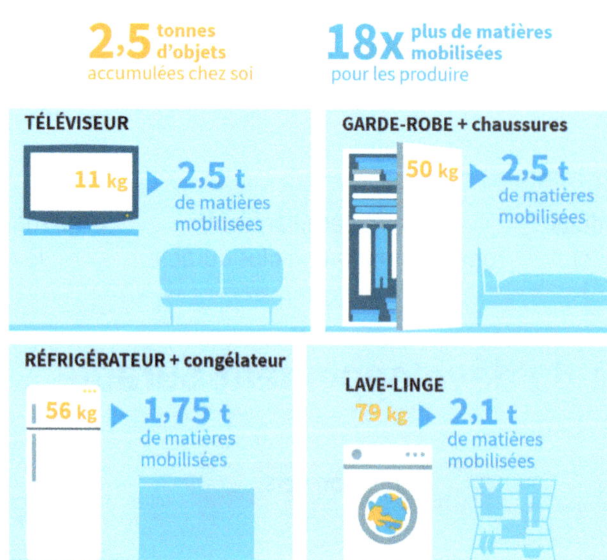

©ADEME, Guide pratique L'économie circulaire en 10 questions - Édition mars 2019

Expliquez en quoi les équipements de la maison ont un impact sur l'environnement.

....

....

....

....

....

....

L'influence du numérique dans l'évolution des modes de consommation

14

CAPACITÉ Repérer l'influence du numérique dans l'évolution des modes de consommation

SITUATION

Régine dirige une grosse exploitation d'élevage caprin. Elle est installée en tant que productrice-transformatrice, c'est-à-dire qu'elle fabrique son fromage et qu'elle vend ses produits (lait, fromages...) *via* les marchés, le magasin à la ferme et le circuit court. Mais ses ventes stagnent et elle voudrait trouver de nouveaux clients. Elle échange souvent avec Ayax, dirigeant d'entreprise.

1 Reformulez le problème de cette exploitante agricole.

....

....

....

2 Présentez la solution proposée par Ayax.

....

....

....

....

....

Vidéo +

Le Drive fermier fait le bonheur des producteurs
1'15''

foucherconnect.fr/21ed214

Expliquez le concept du Drive fermier.

....

....

....

....

....

....

1 Le e-commerce

DOC 1 Le baromètre des nouvelles tendances de consommation *via* Internet

% DES CONSOMMATEURS QUI ACHÈTENT SUR INTERNET

21%
AU MOINS UNE FOIS PAR SEMAINE
+ 2 pts vs 2019

61%
AU MOINS UNE FOIS PAR MOIS
stable vs 2019

CE TAUX S'ÉLÈVE À

66% chez les consommateurs **âgés de 18 à 44 ans**
- 4 pts vs 2019
VS
44% chez les consommateurs **âgés de 60 à 75 ans**
- 3 pts vs 2019

71% chez les consommateurs **avec enfant(s)**
+ 3 pts vs 2019
VS
54% chez les consommateurs **sans enfant**
- 1 pt vs 2019

Wavestone, baromètre des nouvelles tendances de consommation 2020

1 Décrivez les principales caractéristiques des habitudes d'achat des consommateurs.

....

2 Listez les consommateurs les plus impliqués dans le e-commerce.

....

DOC 2 Le développement du e-commerce aux particuliers

L'e-commerce aux particuliers maintient son dynamisme, porté par la transformation digitale des entreprises, le développement de nouveaux services et l'essor des produits issus de l'économie circulaire. Cette croissance profite aussi de la progression de l'usage du smartphone qui offre aux consommateurs la possibilité de préparer, de commander et de suivre leurs achats en mobilité.

103,4 milliards d'€
+ 11,6 % par rapport à 2018

1,7 milliard d'€
de **transactions** en ligne en 2019
+ 15,7 % par rapport à 2018

CA E-COMMERCE
(en milliards d'euros)

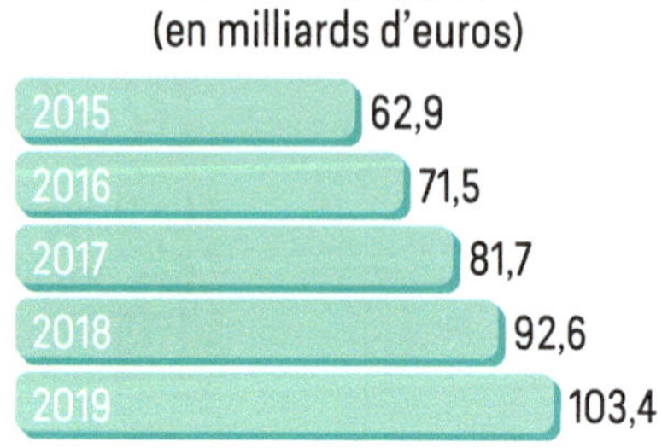

Vidéo +
Comment acheter prudemment sur les marketplaces ? 2'01''
foucherconnect.fr/21ed014

www.fevad.com, Les chiffres clés du e-commerce en 2020

3 Précisez l'évolution du chiffre d'affaires du « e-commerce » aux particuliers.

....

2 Le recours aux places de marché

DOC 3 Comment acheter sur les places de marché en ligne ?

De nombreux sites de commerce, notamment les plus importants, ont créé une « place de marché », ou « **marketplace** », pour héberger d'autres vendeurs indépendants. Ils créent ainsi des sortes de « **centres commerciaux numériques** ».

Comment ça marche ?

L'opération commerciale se fait entre un vendeur et un acheteur. Ce n'est donc pas le site majeur qui vend. On y trouve :

- des professionnels et des particuliers ;
- des entreprises françaises ;
- mais aussi des vendeurs européens, étrangers de tous les pays du monde.

Une marketplace est un espace sécurisé. Celui-ci appartient au créateur de la marketplace qui touchera une contrepartie financière s'il y a une transaction marchande entre acheteurs et vendeurs.

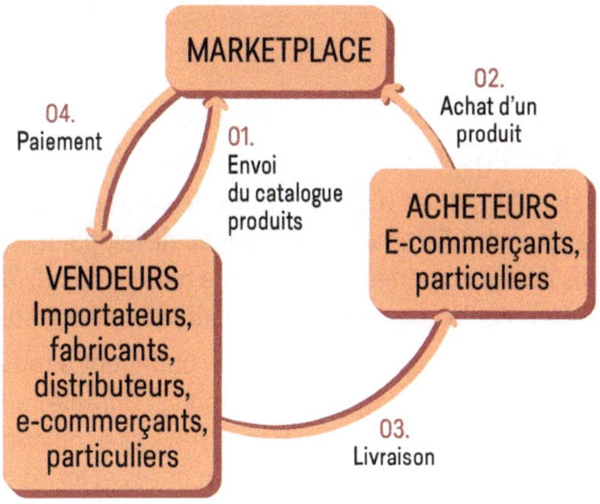

www.vnconline.com, 20/06/2018

4 Précisez en quoi consiste une place de marché.

....

....

....

5 Citez des entreprises qui mettent à disposition des espaces de vente pour des milliers de vendeurs (en leur faisant bénéficier des fonctionnalités de leur plateforme et des milliers de visiteurs qu'elles attirent).

....

DOC 4 Poids des places de marché dans le e-commerce BtoC à l'horizon 2021

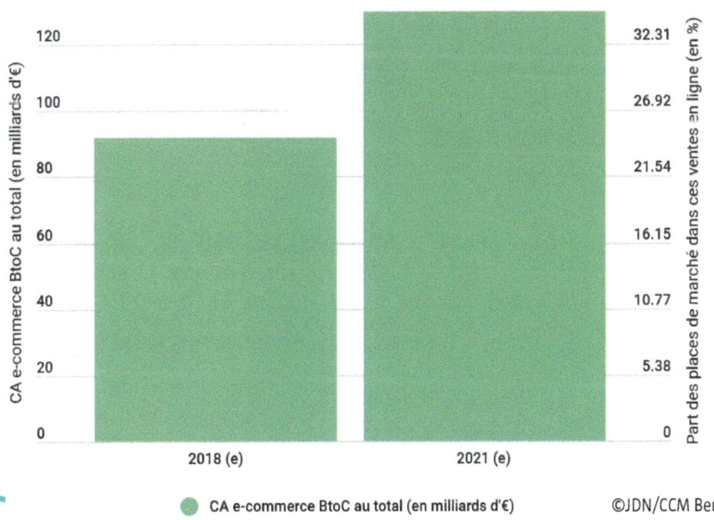

©JDN/CCM Benchmark/20.12.2018

BtoB (B2B) : Business to Business

Lorsqu'il y a des relations commerciales entre 2 entreprises on parle de BtoB. Ce terme désigne les moyens techniques pour mettre en relation les 2 entreprises et faciliter leurs échanges de produits, de services et d'informations.

BtoC (B2C): Business to Consumer

Lorsque l'entreprise vend des biens ou des services aux consommateurs, on parle de BtoC.

CtoC (C2C) : Consumer to Consumer

Lorsque les consommateurs vendent ou mettent en location eux-mêmes des services ou des biens (ex. : logement, voiture) par le biais de plateformes sur Internet, on parle de CtoC.

6 Évaluez la part des places de marché dans le e-commerce BtoC en 2018 et en 2021.

....

....

....

7 Expliquez ce qui justifie l'évolution des parts de marché dans les ventes en ligne.

....

....

3 Le numérique et les nouveaux modes de consommation

DOC 5 Quels sont les facteurs qui favorisent le développement de l'économie d'usage ?

L'économie d'usage, aussi appelée économie de fonctionnalité, s'inscrit dans une démarche de développement durable. Cette nouvelle tendance économique fait la part belle à la location de l'usage d'un bien ou service plutôt que sa propriété.

Selon l'Insee, en à peine 20 ans, le secteur de l'économie d'usage n'a cessé de progresser. Le contexte économique actuel reste particulièrement favorable au développement de l'économie de fonctionnalité. La baisse du pouvoir d'achat des foyers ces dernières années, ainsi que la hausse du prix des matières premières et la diminution des ressources ont forcé certaines entreprises à changer d'angle d'attaque pour rester compétitives et rentables sur le marché.

S'il reste encore des sociétés qui continuent à miser sur le profit par le volume, d'autres n'hésitent plus à prendre du temps pour innover et proposer des produits durables à la location. Le consommateur est aussi de plus en plus sensibilisé à cette nouvelle économie, à travers des services populaires comme les vélos ou les voitures en libre-service, le streaming de musique ou de films, entre autres. Les entreprises et les consommateurs semblent également davantage concernés par les problématiques environnementales, ce qui favorise le développement de l'économie d'usage.

www.locam.fr, 2020

8 **Expliquez l'expression « économie d'usage ».**

9 **Indiquez le principal objectif de l'économie d'usage.**

10 **Surlignez dans le texte des services pour lesquels le consommateur préfère payer l'usage.**

DOC 6 Qui utilise l'économie collaborative ?

Un Français sur trois a des pratiques collaboratives non marchandes (ex. : covoiturage, colocation entre personnes âgées et étudiants, échanges de services de jardinage, bricolage/recyclage, échange de livres, de jouets, petits cours, etc.).

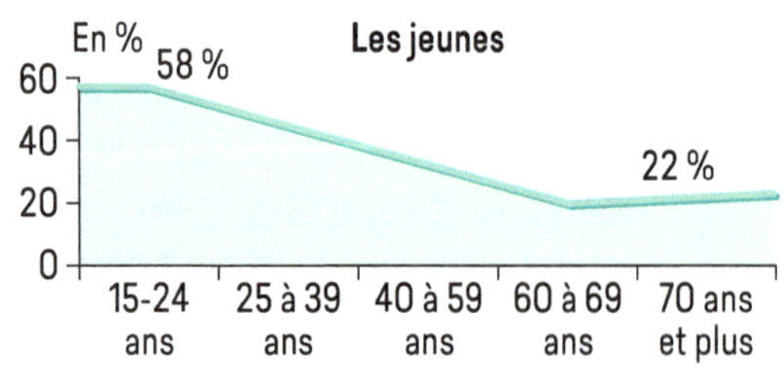

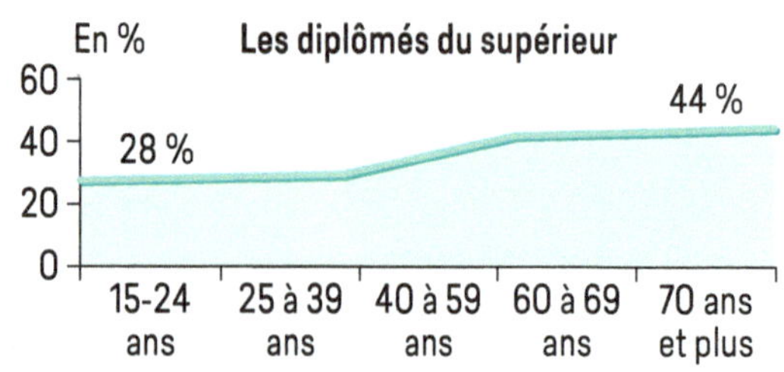

Champ : France métropolitaine, personnes de 15 ans et plus.

CRÉDOC, Consommation et modes de vie - N° 298, avril 2018

11 **Commentez le profil des usagers de l'économie collaborative non marchande.**

12 **Citez les plateformes collaboratives dont vous avez connaissance.**

L'influence du numérique dans l'évolution des modes de consommation

Synthèse

foucherconnect.fr/21ed215
Rédigée
Audio

1 Le e-commerce

NOUVEAU CIRCUIT DE DISTRIBUTION

E-commerce

Commande du client sur le site d'une boutique e-commerce → **Réception** de la commande par la boutique e-commerce → **Validation** de la commande par la boutique e-commerce → **Livraison** de la commande au client

2 Le recours aux places de marché

OPÉRATEUR DE LA MARKETPLACE

VENDEUR → Mise à disposition du catalogue → marketplace
marketplace → Paiement → **VENDEUR**

ACHETEUR → Commande + paiement → marketplace
marketplace → Vente du bien/service → **ACHETEUR**

Les consommateurs utilisent toujours plus Internet, d'où le développement de **sites marchands**.

3 Le numérique et les modes de consommation

ÉVOLUTION DES MODES DE CONSOMMATION

Économie d'usage ou **économie de fonctionnalité**

Système privilégiant l'usage plutôt que la vente d'un produit. Le produit reste la propriété du fournisseur. Il n'y a plus de transfert de propriété entre le fabricant et le client.

Économie collaborative
Partage ou échange de biens, de services ou de connaissances entre particuliers

Dans ce système, le particulier est souvent mis en relation avec d'autres particuliers *via* les **plateformes numériques**.

À vous de jouer !

1 Testez vos connaissances

#QCM interactif

foucherconnect.fr/21ed216

2 Mots mêlés

Trouvez le mot ou l'expression grâce à sa première lettre et sa définition.
Vous disposez des lettres qui le composent, il ne vous reste qu'à les mettre dans le bon ordre.

❶ Canal d'achat

M	M	R	-	E	E	E	O	C	C
E									

❷ Place de marché

K	P	T	A	A	E	L	M	R	E	C
M										

❸ Échange de biens

E	E	M	N	C	I	O	O	E	D	A	A	P	T	R	E	G
É																

3 Le e-commerce en Europe

L'Europe représente une population de 578 millions d'habitants, dont 87 % ont accès à Internet, et 67 % achètent sur Internet. 331 millions d'e-acheteurs en Europe, et 2,7 milliards dans le monde, ce nombre a doublé sur les 5 dernières années, au niveau mondial !

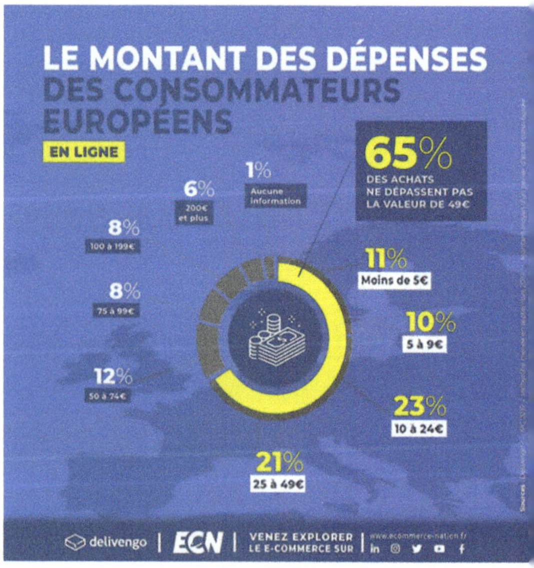

Ouishare, PWC, TNS Sofres, 2016

1 Analysez et justifiez l'importance du e-commerce en Europe.

....

....

....

2 Relevez les principales tendances d'achat des e-consommateurs européens.

....

....

....

Méthode 9

Analyser et interpréter un contrat

Contrat de vente

Les soussignés :

Victor MARCHOT, agissant en tant que représentant légal de la société VOLTA 2000 Sarl, 15 boulevard du Port 83000 Toulon, le vendeur

ET

Maxence BOULIER, 150 avenue de la Mer 83700 Fréjus, le client

Ont convenu et arrêté ce qui suit :

Désignation – Le vendeur s'engage à réaliser les prestations suivantes :
- livraison de 10 kits solaires photovoltaïques 20 W, réf. P 2589,
- installation et mise en route comprises selon conditions en annexe 1.

Prix – En contrepartie du transfert de propriété, le client s'engage à payer la somme de deux mille quatre cents euros (2 400 €) hors taxe : acompte de 10 % à la commande, le solde fin de mois d'installation.

Livraison – Après réception de l'acompte, le vendeur s'engage à lui remettre les marchandises, à les installer et à effectuer la mise en route au plus tard le 15 février.

En cas d'impossibilité il s'engage à consentir un rabais de 0,05 % sur le prix HT par jour de retard.

En cas de perte ou de détérioration des biens, la responsabilité du vendeur est engagée jusqu'à l'acceptation effective des biens par l'acquéreur.

Clause de réserve de propriété – La société reste propriétaire de la marchandise livrée à compter du jour de livraison jusqu'à complet paiement de l'intégralité du prix de vente par le client, les risques de la marchandise incombant au destinataire, dès la mise à disposition de celle-ci.

Clause attributive de juridiction – Tout litige sur l'exécution du présent contrat sera de la compétence du Tribunal de commerce de Fréjus.

Fait à Toulon, le 20 janvier 2020, en deux exemplaires originaux

(signatures précédées de la mention « lu et approuvé »)

Lu et approuvé
Victor MARCHOT VOLTA 2000 Sarl

Lu et approuvé
Maxence BOULIER

Type de contrat :

....

....

Lien contractuel

....

....

....

....

....

Compléter les pointillés et analyser le contrat en suivant la **méthode 9**.

Vocabulaire

Clause attributive de juridiction : clause qui précise par avance quelle juridiction sera compétente en cas de litige entre les parties au contrat.

Méthode 9

1. Repérer le type de contrat, les parties et leur qualité.
2. Vérifier les conditions de validité du contrat (consentement, objet et cause du contrat).
3. Repérer les obligations de chacune des parties.
4. Indiquer les conséquences pour les parties du non-respect de leurs obligations.
5. Repérer les clauses particulières du contrat (renouvellement, limitation de responsabilité, clause de non-concurrence...).
6. Identifier le tribunal compétent en cas de litige.

2 ....

....

....

....

....

4 ....

....

5 ....

....

....

Méthode 10

Calculer et interpréter des pourcentages, des proportions

Population active par sexe et âge en 2018

En milliers

Tranches d'âge	Femmes	% de tranche d'âge parmi les femmes	% des femmes par tranche d'âge	Hommes	% de tranche d'âge parmi les hommes	% des hommes par tranche d'âge	Total
15 à 24 ans	1 285	....	....	1 586	....	....	2 871
25 à 49 ans	8 765	....	....	9 322	....	....	18 087
50 à 64 ans	4 185	....	....	4 296	....	....	8 481
Total 15 à 64 ans	**14 235**			**15 204**			**29 439**

Insee Références– Travail – Emploi, édition 2020

....

....

Vocabulaire

Proportion (ou pourcentage de répartition ou part) : rapport entre l'effectif d'un sous-ensemble et l'effectif total. Il représente donc une partie par rapport à son ensemble. Ce pourcentage ne peut pas être supérieur à 100. Plus le résultat s'approche de 100, plus la proportion est élevée.
Interpréter : donner un sens, une explication. Dans cette méthode, il s'agit de comprendre, de déchiffrer les pourcentages de répartition.

Compléter les pointillés en suivant la **méthode 10**.

Méthode 10

1 Identifier les effectifs totaux (population active par sexe, par âge).

2 Repérer, en les surlignant, les effectifs des sous-ensembles dont on cherche le pourcentage de répartition.

3 Énoncer la formule de calcul.

4 Effectuer les calculs et vérifier la pertinence (ordre de grandeur par exemple).

5 Interpréter les résultats en construisant une phrase (éléments importants : la date, la source, le lieu, l'unité...).

3 ....

....

....

....

5 ....

....

....

....

....

....

15 Les droits et les obligations du vendeur et du consommateur

CAPACITÉ Repérer les droits et les obligations du vendeur et du consommateur

SITUATION

Justine a souscrit un abonnement annuel dans un club de remise en forme à Nice et payé intégralement le forfait. Elle doit déménager à Toulon suite à une mutation professionnelle. Elle confie à son amie Leïla que le responsable du club l'a informée qu'il n'y avait aucune possibilité de remboursement.

1 Expliquez pourquoi le gérant du club refuse de rembourser Justine.

....

....

2 Indiquez s'il s'agit d'un argument recevable.

....

....

....

....

....

....

....

Vidéo +

Démarchage à domicile : comment ne pas se faire avoir 1'56''

foucherconnect.fr/21ed217

Citez les garanties accordées au consommateur en cas de démarchage à domicile.

....

....

....

....

....

....

1 L'information du consommateur

DOC 1 Les obligations du vendeur professionnel

L'information précontractuelle

Selon l'article L111-1 du Code la consommation, avant la conclusion d'un contrat de vente, le vendeur doit communiquer à l'acheteur :

– les caractéristiques essentielles du bien ou du service et le prix ;
– la date ou le délai auquel il s'engage à livrer le bien ou à exécuter le service ;
– son identité, ses coordonnées, ses activités ;
– les conditions de mise en œuvre des garanties légales et contractuelles ;
– la possibilité de recourir à un médiateur de la consommation en cas de litige.

L'obligation d'information et de conseil

Si votre banquier vous a fait souscrire un prêt important alors que vous n'êtes pas en mesure de le rembourser, vous pouvez intenter une action contre lui pour manquement à ses **obligations d'information et de conseil**.

Le banquier doit en effet fournir à son client toutes les informations nécessaires à la réalisation de l'opération envisagée, lui préciser ses obligations, mais aussi le conseiller sur l'opportunité de sa décision, notamment en fonction de ses revenus.

1 Soulignez dans le document les informations légales que le vendeur doit communiquer à l'acheteur avant la conclusion du contrat de vente.

2 Précisez la différence entre obligation d'information et obligation de conseil.

....

....

3 Indiquez la nature de l'obligation dans les situations suivantes.

Jurisprudence	Information	Conseil
Condamnation d'une agence immobilière pour ne pas avoir indiqué en vitrine les modalités de calcul de ses honoraires sur les ventes.		
Une agence de voyages obligée d'indemniser un touriste débarqué d'une croisière parce qu'il n'avait pas de visa pour entrer dans le pays visité.		

DOC 2 Les droits accordés au consommateur

La loi oblige le professionnel à accorder un **délai de réflexion** (avant la signature du contrat) ou **de rétractation** (contrat déjà conclu) dont la durée est variable en fonction du type de contrat (10 jours pour un crédit immobilier, 14 jours pour les contrats conclus à distance).

Le consommateur peut revenir sur son accord ou retourner le bien acheté sans avoir à justifier de motifs ni à payer de pénalités. Il peut être remboursé s'il a déjà versé une somme.

Certains contrats ne sont pas concernés : objets fabriqués sur mesure, denrées périssables, biens indissociables d'autres articles…

4 Précisez l'intérêt d'un droit de rétractation pour le consommateur.

....

....

....

2 Les garanties dues au client

DOC 3 Les garanties accordées à l'acheteur non professionnel

La garantie légale de conformité. Article L.211-4 du Code de la consommation.

Le vendeur est tenu de livrer un bien conforme au contrat et répond des défauts de conformité existant lors de la délivrance.

La garantie légale contre les vices cachés. Article 1641 du Code civil

La garantie des vices cachés permet d'être protégé contre les défauts cachés du produit acheté et qui en empêchent l'usage ou l'affectent à un point tel que le consommateur ne l'aurait pas acheté s'il les avait connus. L'acheteur peut demander la réparation gratuite ou l'échange du bien dans un délai de 2 ans.

La garantie de sécurité.

La DGCCRF* veille au respect de l'obligation générale de sécurité et des réglementations spécifiques pour certains produits à risque : produits alimentaires, jouets...

La garantie commerciale (ou contractuelle ou conventionnelle). Proposée par le vendeur, elle s'ajoute à la garantie légale et se matérialise par un contrat qui en définit la durée et la portée.

* DGCCRF : Direction générale de la concurrence, de la consommation et de la répression des fraudes.

5 Précisez la nature de la garantie concernée pour chaque situation.

Situation	Garantie concernée
Humidité d'une maison résultant d'un défaut d'étanchéité non connu lors de l'acquisition.	....
Les bicyclettes doivent être vendues munies de deux systèmes de freinage indépendants agissant chacun sur une roue différente.	....
La cafetière Expresso que vous venez d'acheter fuit à chaque utilisation.	....

DOC 4 Les garanties contre les clauses abusives

Une clause est abusive lorsqu'elle est imposée par une partie en situation de position dominante à une autre partie en dépendance économique (consommateur ou non-professionnel), provoquant un déséquilibre significatif entre les droits et obligations des deux partenaires.

En présence d'une clause abusive, le contrat n'est pas nul, mais le consommateur peut refuser que la clause litigieuse soit appliquée.

Par exemple, la Commission des clauses abusives a relevé 117 clauses abusives dans les contrats de location de vélos, trottinettes, scooters et voitures : clauses rédigées dans une langue autre que le français ou dans une syntaxe incompréhensible, absence du droit de rétractation de 14 jours prévu par la loi, prolongation de la durée de location après la restitution du véhicule, possibilité de modifier les tarifs de location à tout moment...

6 Précisez, pour chacune des illustrations, la nature du contrat et la raison pour laquelle la clause est abusive.

Nature du contrat	Justification de l'illégalité de la clause
....	....
....	....

3 La protection contre les pratiques illégales ou déloyales

DOC 5 Le refus de vente

Un restaurateur refuse de servir un repas à un client handicapé qui peut le poursuivre en justice car, selon l'article L.122-1 du Code de la consommation, il est interdit à un professionnel de refuser à un particulier la vente d'un produit ou la prestation d'un service, sauf motif légitime (ventes réglementées, réapprovisionnement impossible...).

Il est interdit de subordonner la vente d'un produit à l'achat d'une quantité imposée ou de subordonner la vente d'un bien ou d'un service à l'achat d'un autre bien ou service, en empêchant de se procurer séparément l'un des deux produits (vente liée).

7 Précisez qui est protégé par le refus de vente.

....

....

....

8 Expliquez pourquoi les ventes liées sont interdites.

....

....

....

DOC 6 Les pratiques commerciales déloyales prohibées

Selon l'article L.120-1 du Code de la consommation, les pratiques commerciales déloyales sont interdites.

Allégations fausses ou éléments vrais mais présentés de sorte qu'ils sont susceptibles d'induire en erreur un consommateur moyen.

Ex. : publicité comparative illicite ou trompeuse avec dénigrement des concurrents.

Omission ou dissimulation d'informations substantielles ou pratique qui n'indique pas sa véritable intention commerciale.

Ex. : contrat d'entretien ne précisant pas les pièces de rechange restant à la charge du client.

Pratiques agressives, sollicitations répétées et insistantes ou contraintes physiques ou morales afin de faire céder le consommateur ou d'altérer son choix.

Ex. : démarchage abusif de personnes âgées.

9 Indiquez à quel type de pratique déloyale s'apparente chaque situation.

Pratique commerciale déloyale	Pratique trompeuse		Pratique agressive
	Par action	Par omission	
Visites répétées et insistantes d'un commercial chez un octogénaire pour lui vendre des services de traitement des bois de charpente.			
Vente à un consommateur chauve d'un produit cosmétique susceptible de faire repousser les cheveux dans un délai de trois semaines.			
Signature d'une demande de candidature à un programme écocitoyen de pose de panneaux photovoltaïques qui s'avère être après coup un bon de commande assorti d'un contrat de crédit.			

Les droits et les obligations du vendeur et du consommateur

Synthèse

foucherconnect.fr/21ed218
Rédigée
Audio

1 L'information du consommateur

DROIT À L'INFORMATION	DROIT AU CONSEIL	DROIT DE RÉTRACTATION
Communication des renseignements utiles sur le produit ou la prestation de services...	Complément d'information donné au client pour éclairer la prise de décision.	Droit de revenir sur un accord ou de retourner un produit dans les délais prévus par la loi, sans justification ni pénalités.

2 Les garanties accordées au client

GARANTIES ACCORDÉES AU CLIENT NON PROFESSIONNEL POSSIBILITÉ D'OBTENIR LA RÉPARATION, LE REMPLACEMENT OU LE REMBOURSEMENT DU PRODUIT

Garantie de conformité →	Mise à disposition d'un produit correspondant à la commande passée et ne présentant pas de défaut de conformité.
Garantie de sécurité →	Protection du consommateur contre les dangers liés à l'utilisation d'un bien ou d'un service.
Garantie contre les vices cachés →	Garantie contre les défauts cachés existant au moment de l'achat et qui rendent le produit impropre à l'usage auquel il est destiné.
Protection contre les clauses abusives →	Protection contre les clauses d'un contrat qui créent un déséquilibre entre les droits et les obligations des parties, au détriment du consommateur.

3 La protection contre les pratiques illégales ou déloyales

PRATIQUES COMMERCIALES DÉLOYALES	PRATIQUES COMMERCIALES AGRESSIVES	PRATIQUES COMMERCIALES INTERDITES
Ex. : publicité mensongère, clauses volontairement omises	Ex. : démarchage abusif, vente sous la contrainte	Ex. : refus de vente illégitime, ventes liées

À vous de jouer !

1 Testez vos connaissances

#QCM interactif

foucherconnect.fr/21ed219

2 Consommer sans embûches

Reliez chaque situation à un droit conféré au consommateur ou à une pratique commerciale.

Situation		Droit / pratique
L'étiquetage de l'origine des viandes dans les plats préparés cuisinés devient obligatoire.	• •	**Pratique commerciale déloyale**
Un concessionnaire vend un véhicule automobile présentant un défaut non visible sans en informer le client.	• •	**Refus de vente**
Dans un délai de 14 jours, le consommateur peut signifier son intention de revenir sur sa décision d'achat.	• •	**Garantie de sécurité**
Un commerçant vend un appareil présenté comme silencieux qui s'avère en fait bruyant.	• •	**Clause abusive**
Un commerçant refuse de vendre le dernier exemplaire d'un article exposé en vitrine au motif qu'il faudra refaire l'étalage.	• •	**Pratique commerciale agressive**
L'enseigne de réparation automobile Speedy a été condamnée pour publicité comparative illicite et trompeuse.	• •	**Garantie de conformité**
Un professionnel inscrit dans un contrat la possibilité d'augmenter unilatéralement ses tarifs d'abonnement.	• •	**Droit de rétractation**
Des personnes âgées souscrivent une assurance vie à la suite de sollicitations téléphoniques répétées et insistantes.	• •	**Garantie contre les vices cachés**

3 Pratiques commerciales trompeuses et agressives

Le tribunal correctionnel [...] a condamné une société à 50 000 € dont 25 000 € avec sursis pour pratiques commerciales trompeuses. [...]

Pour réussir à fournir, à des clients souvent âgés ou vulnérables, des traitements sur leurs toitures ou leurs charpentes, alors qu'ils n'étaient pas nécessaires.

Un premier appel téléphonique, laissant penser que la société avait un lien avec la mairie. Elle signalait un problème d'insectes dans les combles des habitants de la commune et proposait un diagnostic de contrôle gratuit. [...] Les démarcheurs, qui « se faisaient passer pour un organisme de contrôle », signalaient des termites ou des capricornes, et conseillaient fortement de traiter ou de remplacer la charpente. [...] On faisait aussi miroiter une remise de 30 % grâce au regroupement de chantiers. Le commercial proposait le crédit d'impôt (alors que la société n'avait pas la qualification pour l'obtenir) [et] suggérait des crédits à la consommation.

www.ouest-france.fr, 28/03/2019

1 Relevez les faits qui caractérisent une pratique commerciale agressive et trompeuse.

....

....

....

....

....

....

....

....

....

....

2 Indiquez la nature de la condamnation.

....

....

Les enjeux de la protection des données personnelles

CAPACITÉ Présenter les enjeux de la protection des données personnelles

SITUATION

Ludivine se plaint auprès de son ami Jordan d'être régulièrement démarchée par des centres d'appels téléphoniques qui lui proposent des équipements d'isolation dont elle n'a pas besoin.

1 Précisez le sujet de la discussion entre les deux amis.

....

....

....

2 Indiquez ce que peut faire Ludivine pour que ce démarchage cesse.

....

....

....

....

....

....

Vidéo +

Comprendre le RGPD en cinq questions 3'27''

foucherconnect.fr/21ed220

Expliquez comment il est possible à un mineur de communiquer ses données personnelles sur les réseaux sociaux.

....

....

....

....

....

1 Le e-commerce et les données personnelles

DOC 1 Le développement du e-commerce en France

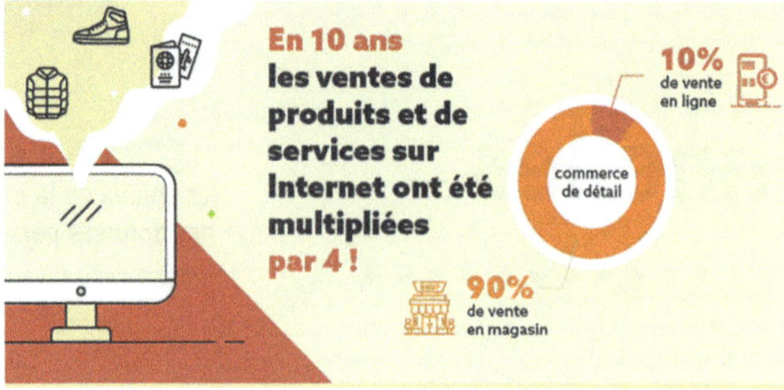

www.antivoice.com, Infographie Chiffres e-commerce, 2019, France, 13/02/20

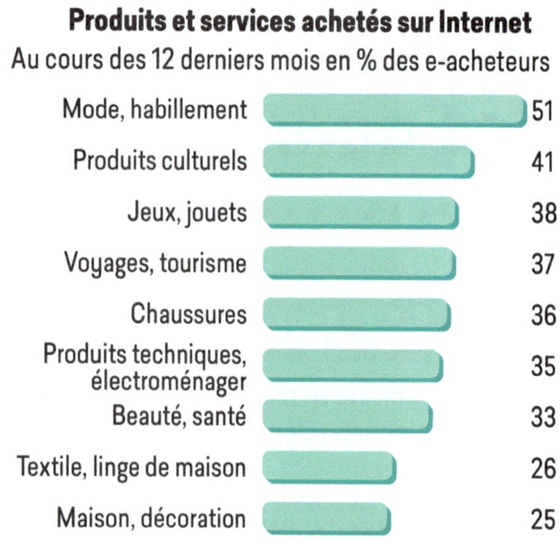

Baromètre Fevad Médiamétrie, janvier 2020

1 Expliquez en quoi consiste le e-commerce.

....

....

2 Indiquez le poids du commerce en ligne dans le commerce de détail et citez les deux secteurs les plus concernés.

....

....

DOC 2 La sécurité des paiements en ligne

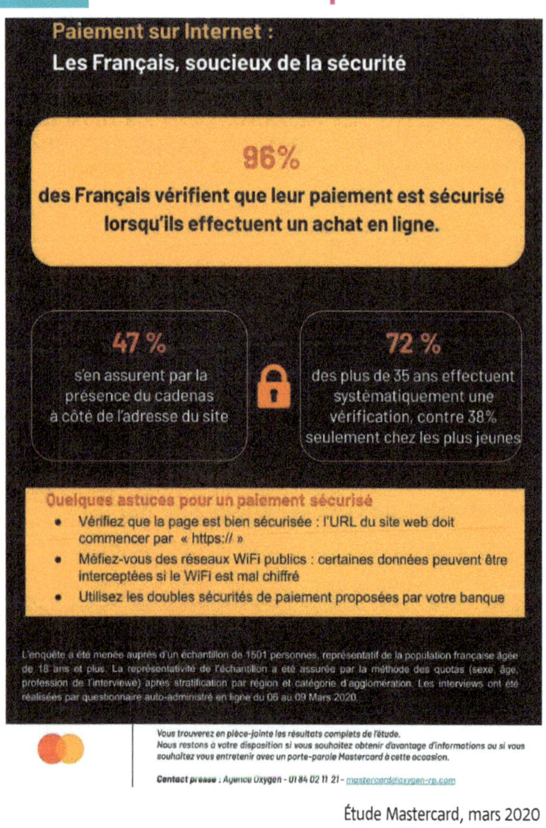

Étude Mastercard, mars 2020

3 Indiquez pourquoi il faut s'assurer de la sécurité des règlements lors d'achats en ligne.

....

....

....

....

4 Indiquez les principaux dispositifs de paiement sécurisé.

....

....

....

....

....

2 La protection des données personnelles

DOC 3 Qu'est-ce qu'une donnée personnelle ?

www.rgpd-dataprivacy.info

5 Expliquez la notion de donnée personnelle.

....

....

....

....

....

6 Indiquez pourquoi il est nécessaire d'en assurer la protection.

....

....

....

....

....

....

DOC 4 Le règlement général sur la protection des données (RGPD)

Le RGPD est applicable partout en Europe depuis le 25 mai 2018. Ce nouveau cadre juridique renforce les droits de chaque citoyen européen sur la protection de ses données personnelles et responsabilise les acteurs traitant ces données.

Par traitement des données, on entend toute opération effectuée sur des données à caractère personnel, de manière automatisée ou manuelle, comme la collecte, l'enregistrement, la conservation, la modification, la consultation, la diffusion ou l'effacement des données à caractère personnel.

D'après DGCCRF – septembre 2018

Les principes

- Les données personnelles doivent être sécurisées
- Les personnes physiques ont un droit de regard sur l'utilisation de leurs données
- L'entreprise qui traite ces données est garante du respect de la réglementation

Les droits

- La personne physique doit donner son consentement au traitement de ses données. Elle peut le retirer à tout moment
- Les droits à l'accès, à l'objection, à la rectification et à la limitation des données personnelles sont renforcés
- Le droit à la portabilité permet de demander la transmission des données à un nouveau responsable de traitement

Les sanctions

Le responsable du traitement des données doit notifier, dans les 72 heures, auprès de la CNIL et des personnes physiques concernées, la découverte d'une faille de sécurité et/ou de violation des données.
Il encourt jusqu'à :

10 millions d'euros d'amende (ou 2 % de son CA mondial) pour un retard de notification

20 millions d'euros d'amende (ou 4 % de son CA mondial) en cas de manquement au RGPD

www.economie.gouv.fr

7 Soulignez dans le document 4 les opérations concernées par le traitement des données.

8 Listez les principaux droits accordés au consommateur par le RGPD.

....

....

....

....

....

....

....

....

....

9 Précisez dans quel délai le responsable du traitement des données doit notifier à la CNIL et à la victime la découverte d'une faille de sécurité ou la violation des données.

....

3 L'encadrement par le droit

DOC 5 Le contrôle de la bonne application du RGPD

La **Commission nationale Informatiques et Libertés** (CNIL) a pour mission de veiller à la protection des données personnelles contenues dans les fichiers et traitements informatiques ou papiers, aussi bien publics que privés, à ce que l'informatique soit au service du citoyen et qu'elle ne porte atteinte ni à l'identité humaine, ni aux droits de l'homme, ni à la vie privée, ni aux libertés individuelles ou publiques.

Elle a un rôle d'alerte, de conseil et d'information vers tous les publics et dispose également d'un pouvoir de contrôle et de sanction.

CNIL.
COMMISSION NATIONALE
INFORMATIQUE & LIBERTÉS

10 **Soulignez dans le document les principales missions de la CNIL.**

DOC 6 Comment faire valoir ses droits ?

Il faut d'abord s'adresser directement aux organismes qui détiennent vos données personnelles. En cas de difficultés, de réponse insatisfaisante ou d'absence de réponse, vous pouvez saisir la CNIL qui met à votre disposition les coordonnées publiques des délégués à la protection des données (DPO) désignés et des modèles de courriers pour faire valoir vos droits.

Si, malgré vos demandes auprès d'un organisme, vous n'arrivez pas à connaître ou à faire rectifier des données vous concernant ou à obtenir leur suppression sur Internet, vous pouvez adresser une plainte à la CNIL.

Exemple

La CNIL a reçu la plainte d'un particulier qui indiquait avoir pu accéder, depuis son espace personnel, à des documents enregistrés par d'autres utilisateurs en modifiant légèrement l'URL affichée dans le navigateur sur le site de la Sergic, spécialisée dans la promotion, l'achat, la vente, la location et la gestion immobilière.

La CNIL a prononcé une sanction de 400 000 euros à l'encontre de la société Sergic pour avoir insuffisamment protégé les données des utilisateurs de son site web et avoir mis en œuvre des modalités de conservation des données inappropriées.

11 **Indiquez la démarche à suivre pour faire valoir ses droits par rapport à la protection des données personnelles.**

....

....

....

12 **Expliquez pourquoi la Sergic a été condamnée.**

....

....

....

....

13 **Précisez la nature de la sanction infligée.**

....

....

Les enjeux de la protection des données personnelles

Synthèse

foucherconnect.fr/21ed221
Rédigée
Audio

1 Le e-commerce et les données personnelles

→ Ensemble des transactions commerciales avec les outils et les ressources du numérique ; on parle de digitalisation de la relation commerciale.
→ La digitalisation de la transaction commerciale et du règlement oblige à sécuriser les paiements en ligne notamment dans le cadre du règlement générale sur la protection des données (RGPD).

2 La protection des données personnelles collectées

RGPD
RÈGLEMENT GÉNÉRAL SUR LA PROTECTION DES DONNÉES

Données personnelles
Toute information permettant d'identifier une personne (nom, adresse, identifiants en ligne...)

→ **Règlement général sur la protection des données (RGPD)**
applicable au sein de l'Union européenne

→ Le consommateur doit donner son autorisation à l'utilisation de ses données personnelles et dispose d'un droit de rectification

3 L'encadrement par le droit

Le principal acteur : la CNIL

Recours auprès des organismes qui détiennent les données personnelles

→ Saisie de la CNIL en cas d'absence de réponse ou de réponse insuffisante

→ Plainte adressée à la CNIL en cas d'échec de la demande de rectification

À vous de jouer !

1 Testez vos connaissances

#QCM interactif

foucherconnect.fr/21ed222

2 La bonne définition

Reliez chaque mot à la définition qui lui correspond.

E-commerce	Toute information relative à une personne physique identifiée ou identifiable (nom, adresse, email...).
Données personnelles	Règlement général sur la protection des données, entré en vigueur le 25 mai 2018.
RGPD	Vente en ligne de biens ou de services au travers de sites web marchands.
CNIL	Droit d'obtenir du responsable du traitement la rectification de données à caractère personnel.
Droit de rectification	Commission nationale de l'Informatique et des Libertés.

3 La protection des données personnelles

Spartoo écope d'une amende de 250 000 euros pour des « manquements » au RGPD

À la suite de ses investigations menées avec plusieurs autorités de contrôle européennes, la CNIL a noté quatre manquements survenus dans plusieurs pays de l'Union européenne. « *L'enregistrement intégral et permanent des appels téléphoniques reçus par les salariés du service client est excessif* », de même que « *l'enregistrement et la conservation des coordonnées bancaires des clients, communiquées lorsque les commandes sont passées par téléphone* ». [...]

La CNIL épingle aussi « *la conservation pendant plusieurs années d'un nombre très important de données* » *de plusieurs milliers de clients ainsi que celles des prospects*. Et concernant la sécurité des données, il est reproché à Spartoo de *ne pas avoir imposé aux utilisateurs l'utilisation de mots de passe plus robustes*. [...]

Outre l'amende, Spartoo dispose d'un délai de trois mois pour mettre son site en conformité avec le RGPD sous astreinte de 250 euros par jour de retard.

France 3 Auvergne-Rhône-Alpes, France-info.fr, 01/09/2020

1. Indiquez qui est à l'origine de la sanction infligée à Spartoo.

....

....

....

....

....

2. Repérez en les soulignant les faits constitutifs du manquement au RGPD.

3. Précisez la nature de la sanction.

....

....

....

....

....

Méthode 11

Construire un plan

Sujet d'étude

Vous devez rédiger une étude (introduction, développement – souvent en deux parties –, conclusion) argumentée à l'aide de vos connaissances, du dossier documentaire et des documents complémentaires.

Votre étude devra répondre à la problématique : sur quels critères classer les entreprises ?

Cette étude répondra aux consignes suivantes :

– dresser l'état des lieux des différents modes de classement des entreprises ;
– montrer l'intérêt du classement des entreprises.

Dossier documentaire

Document 1 Tout comprendre sur les branches d'activité
Document 2 Entreprises publiques et secteur public
Document 3 Le top des 10 plus grandes entreprises françaises selon les effectifs
Document 4 Panorama des entreprises françaises par secteurs d'activité

Documents complémentaires

Document A Le top 100 des PME et des ETI françaises
Document B Les 30 entreprises françaises qui ont vu leur chiffre d'affaires exploser
Document C Les différents statuts des entreprises privées

....

Problématique ; idée principale : classement des entreprises

....

Compléter le plan de l'étude en suivant la **méthode 11**.

Méthode 11

1. Identifier la problématique de l'étude et trouver l'idée principale à soutenir.
2. Présenter les idées secondaires.
3. Indiquer en conséquence le nombre de parties.
4. Détailler chaque partie en deux ou trois points.

4 ....
....
....
....
....
....
....
....
....
....
....

Méthode 12

Rédiger une introduction

Faire carrière dans la même entreprise

Vous effectuez une PFMP aux ressources humaines de l'entreprise Pack, fabricant de carton. Votre tuteur, responsable RH, vous demande de vous documenter sur la fidélité des salariés à travailler dans la même entreprise tout au long de leur vie professionnelle. Il souhaite montrer à ses actionnaires que les cadres « monosociété » possèdent d'autant plus d'atouts qu'ils ont su conserver leur emploi en évoluant en interne.

Vous avez à votre disposition un dossier documentaire :

Document 1 Métiers préparés et compétences acquises

Document 2 Évolution de la mobilité professionnelle 2000-2020

Document 3 Comment réussir sa mobilité professionnelle dans son entreprise ?

Document 4 Vie active : un jeune sur deux prêt à rester dans la même société toute sa vie

Rédaction de l'étude

Un salarié peut-il envisager de travailler dans la même entreprise ou d'exercer le même métier tout au long de sa vie active ?

À l'aide de vos connaissances, du dossier documentaire et de votre expérience, vous rédigerez une étude structurée et argumentée de deux pages maximum vous permettant de répondre à cette problématique.

L'étude sera structurée en deux parties :

– le changement d'emploi : le constat ;
– la mobilité selon les secteurs et le statut.

....

....

....

....

Annonce du plan

Vocabulaire

Problématique : question que l'on se pose à propos d'un sujet précis, généralement libellée à la forme interrogative.
Plan : manière d'aborder les choses pour répondre à la problématique. Le plan s'annonce en général avec des compléments comme « dans un premier/second temps », « d'abord/puis/enfin » et des verbes d'action, ex. : « la première partie présentera... la deuxième abordera... »

Compléter les pointillés en suivant la **méthode 12**.

Méthode 12

1 Repérer dans le sujet les trois parties qui vont structurer l'introduction (présentation du sujet, problématique et plan).

2 Repérer dans le sujet les mots clés qui aideront à rédiger la première partie de l'introduction (présentation du sujet).

3 Énoncer la problématique de l'introduction, en s'appuyant sur celle repérée dans le sujet.

4 Annoncer le plan en deux ou trois parties, en utilisant une formulation à la première personne.

2 ....
....

3 ....
....
....

4 ....
....
....
....
....

La consommation : quels choix pour les ménages ?

MODULE 2

JE CONCLUS

Carrefour est au rendez-vous des nouvelles exigences des consommateurs

Notre époque fait face à un mouvement mondial profond, notre manière de consommer change : la qualité, la sécurité et l'origine de notre alimentation sont au cœur des préoccupations des consommateurs. [...]

C'est l'ambition de Carrefour que de devenir le leader mondial de la transition alimentaire pour tous.

Par notre implantation mondiale, nous sommes à l'écoute des aspirations de nos clients pour un mode d'alimentation plus sain, qui favorise le bien-être et la santé mais qui protège aussi l'environnement. [...]

Des évolutions multiples sont à l'œuvre [...]

Une transition démographique : la planète comptera, en 2050, 9,8 milliards d'individus et l'enjeu de leur alimentation et de l'impact sur la planète est très important. [...]

Une transition alimentaire : [...] Les consommateurs sont très attentifs aux conseils nutritionnels et sont sensibles aux sujets qui touchent la production alimentaire : respect des producteurs, conditions de production industrielle, hygiène et fraîcheur sont un minimum.

Il faut aider le monde agricole à la conversion vers la production biologique ou raisonnée, repenser les circuits d'approvisionnement, et mettre ces produits à disposition de tous les budgets.

Une transition digitale ou numérique qui impacte les modes de vie [...]. Demain, l'intelligence artificielle intégrera nos modes de vie. Les consommateurs veulent tout : avec un smartphone et du haut débit, le client connecté veut garder la maîtrise de son temps. Fini les courses corvées, il est à la recherche de solutions pour simplifier les courses : commander en ligne, se faire livrer, passer chercher sa commande... ou des solutions-repas : des paniers frais, des box, de l'offre traiteur, et de la restauration sur place quand il décide d'aller faire ses courses en magasin.

www.carrefour.com

Les droits du consommateur lors d'un achat en ligne

Lorsqu'il achète en ligne auprès d'un professionnel (commerçants, prestataires de services) le consommateur est protégé par les dispositions des articles *L.221-11 et suivants* du Code de la consommation, ainsi que par la loi n° 2004-575 du 21 juin 2004 pour la confiance dans l'économie numérique (LCEN). Un achat en ligne est considéré comme un contrat à distance entre un professionnel et un consommateur selon *l'article L.221-1*. Sont exclues les commandes reçues par téléphone, par télécopieur et par courrier électronique. Certains contrats ne sont pas soumis aux règles de l'achat en ligne (contrats portant sur les services financiers, jeux d'argent, forfait touristique, etc.).

www.economie.gouv.fr

MODULE 2
La consommation : quels choix pour les ménages ?

Indiquez les principales tendances de consommation des ménages.

....

....

Expliquez comment Carrefour a adapté son mode de distribution face aux évolutions d'achat des consommateurs.

....

....

Précisez comment le client est protégé lors d'un achat en ligne.

....

....

LE MODULE EN SYNTHÈSE

L'essentiel à retenir

Connaître et appréhender les choix des ménages pour la consommation, c'est :

Identifier les principales tendances de la consommation des ménages :

- Les postes budgétaires, les dépenses pré-engagées
- Les coefficients budgétaires
- Le revenu disponible, les formes d'épargne, les achats à crédit

Observer l'évolution des modes de consommation :

- Le développement durable
- Le numérique

Comprendre comment les ménages sont protégés lors d'un achat :

- Les droits et les obligations du vendeur et du consommateur
- La protection des données

LES MOTS DU MODULE

Coefficient budgétaire : rapport de la dépense consacrée à un bien ou service particulier (ou à une catégorie de biens ou services, par exemple l'alimentation, le logement) à la dépense totale.

Consommation : acte économique principal des ménages consistant à utiliser une partie du revenu disponible pour acheter des biens ou des services.

Crédit : opération qui consiste pour une organisation financière à mettre des fonds à la disposition de ses clients.

Dépenses pré-engagées : ensemble des dépenses des ménages réalisées dans le cadre d'un contrat difficilement renégociable à court terme (ex. : dépenses liées au logement, à l'eau, au gaz, à l'électricité, aux services de télécommunications).

E-commerce : transactions commerciales à distance s'établissant par le biais d'interfaces électroniques et digitales.

Économie circulaire : modèle économique dont le but est de produire des biens et des services de manière durable, en limitant la consommation et les gaspillages de ressources (matières premières, énergie, eau) ainsi que la production des déchets.

Épargne : part du revenu disponible non consommé.

Prélèvements obligatoires : total des impôts et cotisations sociales prélevés par l'État et les organismes sociaux.

Revenu disponible : revenu dont dispose réellement un ménage pour consommer et épargner, après opérations de redistribution.

VERS LE BAC 1

Les dangers de la contrefaçon

Vous effectuez une période de formation en milieu professionnel au sein du service achat du magasin Joué Club dont l'activité est le commerce de jouets.
Votre tuteur, responsable du service achat, vous demande de vous informer sur la contrefaçon et ses conséquences pour les entreprises comme pour les consommateurs. Il vous charge d'une étude sur ce thème.

Vous avez à votre disposition un dossier documentaire :

Document 1	« Qu'est-ce qu'une contrefaçon ? » d'après un réseau social
Document 2	Que risque-t-on réellement à acheter une contrefaçon ?
Document 3	Les effets de la contrefaçon
Document 4	Les conséquences de la contrefaçon

PREMIÈRE PARTIE Exploitation des documents

- Après avoir pris connaissance du dossier documentaire (**documents 1 à 4**), complétez la grille d'analyse (**annexe 1**).

DEUXIÈME PARTIE Rédaction de l'étude

Pourquoi et comment lutter contre la contrefaçon

- À l'aide de vos connaissances, du dossier documentaire et de votre expérience, vous rédigerez une étude structurée (introduction, plan en deux parties, conclusion) et argumentée de deux pages maximum vous permettant de répondre à cette problématique. Vous conclurez par un avis personnel justifié.

  Cette étude répondra au plan suivant :
  - identifier les caractéristiques de la contrefaçon et les moyens mis en œuvre pour y remédier ;
  - analyser les conséquences économiques de la contrefaçon pour les entreprises et pour l'économie en général et les dangers pour les consommateurs.

  Étude à présenter en **annexe 2**.

Dossier documentaire

Document 1

« Qu'est-ce qu'une contrefaçon ? » d'après un réseau social

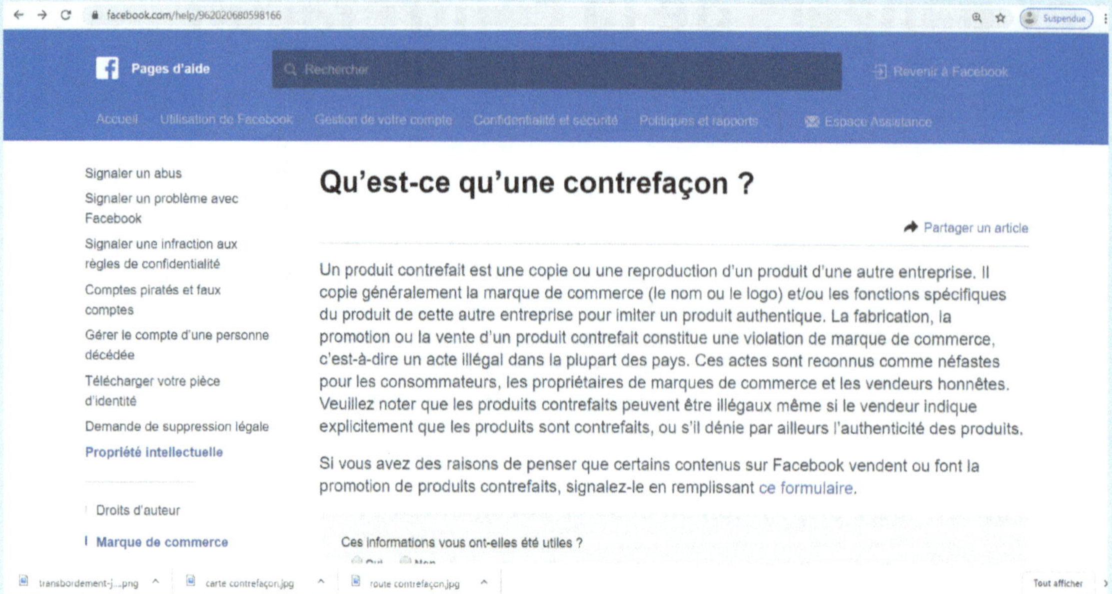
facebook.com/help/962020680598166

Pages d'aide
Rechercher
Revenir à Facebook

Accueil | Utilisation de Facebook | Gestion de votre compte | Confidentialité et sécurité | Politiques et rapports | Espace Assistance

- Signaler un abus
- Signaler un problème avec Facebook
- Signaler une infraction aux règles de confidentialité
- Comptes piratés et faux comptes
- Gérer le compte d'une personne décédée
- Télécharger votre pièce d'identité
- Demande de suppression légale
- **Propriété intellectuelle**
  - Droits d'auteur
  - **Marque de commerce**

Qu'est-ce qu'une contrefaçon ?

Partager un article

Un produit contrefait est une copie ou une reproduction d'un produit d'une autre entreprise. Il copie généralement la marque de commerce (le nom ou le logo) et/ou les fonctions spécifiques du produit de cette autre entreprise pour imiter un produit authentique. La fabrication, la promotion ou la vente d'un produit contrefait constitue une violation de marque de commerce, c'est-à-dire un acte illégal dans la plupart des pays. Ces actes sont reconnus comme néfastes pour les consommateurs, les propriétaires de marques de commerce et les vendeurs honnêtes. Veuillez noter que les produits contrefaits peuvent être illégaux même si le vendeur indique explicitement que les produits sont contrefaits, ou s'il dénie par ailleurs l'authenticité des produits.

Si vous avez des raisons de penser que certains contenus sur Facebook vendent ou font la promotion de produits contrefaits, signalez-le en remplissant ce formulaire.

Ces informations vous ont-elles été utiles ?

transbordement-j....png | carte contrefaçon.jpg | route contrefaçon.jpg | Tout afficher

Capture sur www.facebook.com, janvier 2021

Document 2

Que risque-t-on réellement à acheter une contrefaçon ?

Véritable fléau pour les professionnels, la contrefaçon sévit dans tous les domaines. Spécialité des vendeurs à la sauvette, cette pratique se trouve un peu partout et attire facilement les touristes de passage, plus ou moins conscients du caractère illégal de leur achat. Après tout, s'offrir un sac à main à petit prix alors qu'il est à l'effigie d'une marque de luxe est très tentant. Les conséquences peuvent toutefois être douloureuses.

La saisie et l'amende

Avant toute chose, il est important de rappeler que la loi ne punit pas seulement le vendeur de produits de contrefaçon, mais aussi les détenteurs. Dans les deux cas, il s'agit en effet d'un délit passible de lourdes sanctions. Selon le volume des marchandises concernées et leur valeur, les peines peuvent aller jusqu'à 300 000 euros d'amende et trois ans de prison.

Bien entendu, l'achat d'un seul faux sac Vuitton sur un marché à l'étranger ne sera pas si durement puni. *A minima*, l'acheteur s'expose à une saisie de son souvenir par les douanes et à une amende comprise entre une et deux fois la valeur de l'objet de la fraude.

À titre indicatif, les services français ont saisi quelque 5,4 millions d'articles contrefaits en 2018, dont 30 % issus d'achats en ligne.

Déceler une contrefaçon

Si un individu se fait prendre avec un objet de contrefaçon, la sanction sera automatique, et ce même s'il n'a pas conscience d'avoir acheté un faux. Pour éviter de se faire taper sur les doigts, il faut donc rester vigilant. Mieux vaut alors éviter les lieux de vente inhabituels, les prix particulièrement bas et les vendeurs mal identifiés. De même, une étiquette mal imprimée, comportant des fautes d'orthographe, et un emballage de mauvaise qualité sont autant d'indices d'un article suspect. Il est important de vérifier aussi les imperfections des coutures et finitions, des motifs ou encore des couleurs qui sont souvent de piètre qualité en cas de contrefaçon.

Avec l'essor du e-commerce, ce type de pratique s'est largement dématérialisé. En plus de commettre un délit, on peut alors être victime de fraude. Le premier réflexe est de s'assurer que les coordonnées complètes du professionnel figurent sur le site, que le prix TTC et les conditions générales de vente sont clairement mentionnés et que les modalités de paiement et de livraison sont précisées. En cas de doute, il est possible de signaler la contrefaçon sur internet-signalement.gouv.fr.

D'après CityPresse, 29-08-19 – D.R.

Document 3

Les effets de la contrefaçon

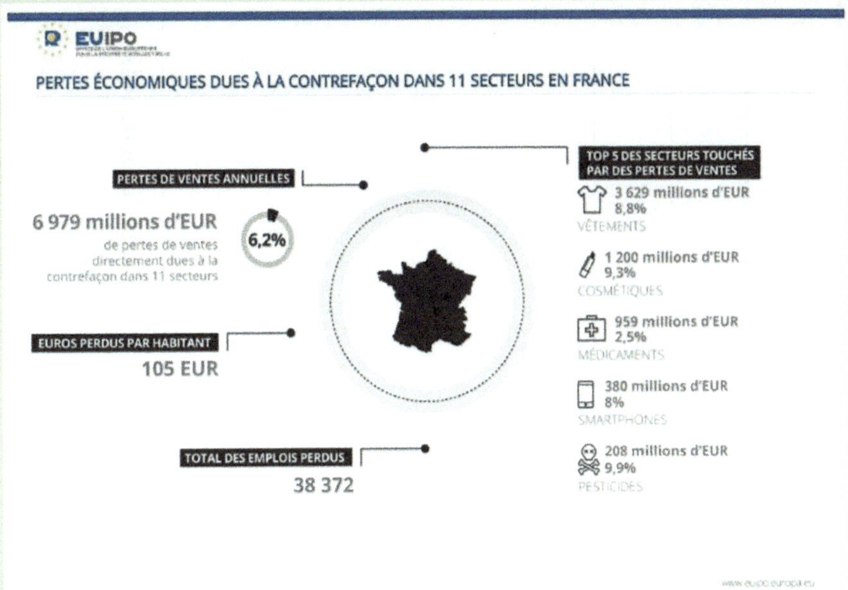

Salomé Kourdouli, www.ecommercemag.fr, 07.06.2019

Document 4

Les conséquences de la contrefaçon

Pour la santé et la sécurité

La santé publique est menacée par ces produits qui ne respectent aucune norme. Ils sont dangereux, provoquent des allergies, des accidents, mettent en péril le bien-être du consommateur. Non seulement la contrefaçon engendre des pertes financières considérables, mais surtout elle porte atteinte à la sécurité du consommateur. Les contrefacteurs s'attaquent à toutes les activités productives confondues.

La sécurité et la santé publique sont menacées lorsque des produits issus des secteurs de l'automobile, de l'électroménager ou encore du jouet, des boissons et même des médicaments sont contrefaits.

Pour l'économie

La contrefaçon représente un manque à gagner de 200 à 300 milliards d'euros par an, la France perdant à elle seule plus de 6 milliards d'euros.

Le pillage du savoir-faire national copié le plus souvent à l'extérieur de nos frontières conduit à la suppression régulière de postes d'emplois traditionnels : 200 000 en Europe, dont 38 000 en France (étude KPMG pour l'Unifab).

Pour les entreprises

Principales victimes des contrefacteurs, les titulaires de droits comptabilisent chaque année un bilan déplorable :

- perte de chiffre d'affaires, de parts de marché, de réseaux de distribution ;
- perte pour le commerce national due aux achats de contrefaçon à l'étranger ;
- perte d'image et de notoriété ;
- perte de budget : recherche et développement, dépenses de publicité, de marketing et de communication qui contribuent à construire les marques.

Plusieurs petites entreprises ont parfois tant perdu qu'aujourd'hui elles n'existent plus.

R. Messali, Dossier de presse, Unifab, 23.10.2020

Annexe 1 Grille d'analyse des documents

Éléments d'analyse	Document 1	Document 2	Document 3	Document 4
Titre du document				
Type de document				
Date				
Source				
Idées principales				
Concepts à définir	Contrefaçon	Saisie de la contrefaçon	Pertes économiques	Activités productives

Annexe 2 Présentation de l'étude

MÉTHODOLOGIE
Rédiger l'étude en trois parties :
- Introduction
- Développement
- Conclusion

Introduction

Présentation du sujet

....
....
....
....
....
....
....

Énoncé de la problématique

....
....
....

Annonce du plan

....
....
....
....
....
....

Rédiger l'introduction en la structurant en trois parties :
1. Présentation du sujet
2. Énoncé de la problématique
3. Annonce du plan

Présenter le sujet
Repérer dans les documents soit un fait marquant, soit des données chiffrées pour présenter le sujet.

Énoncer la problématique en vous appuyant sur celle présentée dans le sujet de l'étude, en posant une ou deux questions sur le sujet.

Annoncer le plan en deux ou trois parties en utilisant une formulation à la première personne.

Développement

Rédiger le développement en présentant clairement chacune des parties (une idée principale par partie) et les sous-parties (argumentation de l'idée principale).

Rédiger un ou deux paragraphes par sous-partie en vous appuyant sur les documents (argument + exemples).

Première partie

Les caractéristiques de la contrefaçon et les moyens mis en œuvre pour y remédier

1.1 Les caractéristiques de la contrefaçon

....
....
....
....
....
....
....
....

1.2 Les moyens pour lutter contre la contrefaçon

La loi sanctionne ....
....
....
....

Le consommateur a aussi un rôle dans la lutte contre la contrefaçon. ....

Deuxième partie

Les conséquences de la contrefaçon

> **Rédiger un ou deux paragraphes** par sous-partie en vous appuyant sur les documents (argument + exemples).

2.1 Les conséquences économiques

Pour l'État français, ...

L'impact sur l'emploi est notable car ....

Pour les entreprises, ...

2.2 Les dangers pour les consommateurs

....

Conclusion

Résumé du thème abordé

....

Réponse à la problématique

....

Avis personnel de l'élève

....

Crédit iconographique

PAPIER À BASE DE FIBRES CERTIFIÉES

Hatier s'engage pour l'environnement en réduisant l'empreinte carbone de ses livres. Celle de cet exemplaire est de :
850 g éq. CO_2
Rendez-vous sur www.hatier-durable.fr

Achevé d'imprimer en France par Dupliprint à Domont (95)
N° d'impression : 2023080350 - Dépôt légal n° 16202-4/04 - Septembre 2023